Autoren:
Tobias Ebner & Levin Granitza

DAS SEO BUCH

Der Weg zur Nr. 1

EDISON VERLAG

Impressum

Edison Verlag bei SEO-Markt GmbH
Rennweg 1
93049 Regensburg

Gedruckt von:
Amazon Media EU S.à r.l.
5 Rue Plaetis
L-2338, Luxembourg

INHALT

Einleitung - Definition von SEO

1.0

1.1

GRUNDLEGENDES VERSTÄNDNIS

SEO ist eine Abkürzung, die mittlerweile sowohl bei professionellen Gestaltern von Webseiten als auch bei Privatpersonen, die in ihrer Freizeit eine eigene Homepage betreiben, einen hohen Bekanntheitsgrad erlangt hat. Die Abkürzung steht für Search Engine Optimization. Auf Deutsch lautet die Übersetzung Suchmaschinenoptimierung. Das nachfolgende Kapitel eignet sich für Betreiber von Online-Content, welche diesen überwachen, mit diesem Geld verdienen und den zur Verfügung gestellten Inhalt über die Google-Suchmaschine bewerben. Gründer eines jungen und dynamischen Start-Up Unternehmens, Webmaster unterschiedlicher Webseiten, SEO-Experten, die in einer Werbeagentur arbeiten oder auch autodidaktische SEO-Profis können das komplette Buch zum Wiederholen, Nachschlagen oder auch für die Erweiterung ihres Wissenshorizontes nutzen. Interessierte Webmaster, welche für die Erstellung, Organisation sowie für die Wartung einer Webseite zuständig sind, erhalten darüber hinaus einen Überblick über die Grundlagen der Suchmaschinenoptimierung. Dieses Buch stellt einfach erklärte Anleitungen dar. Es hilft Webmastern bei einer korrekten Anwendung, ihr Ranking, um ein Vielfaches zu verbessern. SEO-Experten, die sich an die nachfolgenden Ratschläge halten, können den Suchmaschinen ferner dabei behilflich sein, die Webseiteninhalte besser zu crawlen, zu indexieren und zu verstehen. Diejenigen, die diese Anleitungen in die Tat umsetzen, können sich über eine beneidenswerte Top-Position ihrer Webseite freuen. Des Weiteren erhöhen Webseitenbetreiber, welche die Anweisungen befolgen ihre Chance, unter die Top 3 der Suchergebnisseiten bei Google zu kommen. Die SEO-Markt GmbH hat mit den Tipps und Tricks in diesem Anleitungsbuch ihren Kunden zum Erfolg verholfen. Darüber hinaus liefern die durchgehend positiven Bewertungen des Unternehmens den Beweis für die ausgezeichnete Leistung des Start-Ups. Mit ihrem Können hat das Unternehmen seinen Kunden zu einer Positionierung unter die Top 3 geholfen. Deshalb teilt dieses Buch die Geheimnisse und Vorgehensweisen, welche die SEO-Markt GmbH Agentur für eine erfolgreiche Suchmaschinenoptimierung nutzt, mit seinen Lesern. Somit handelt es sich bei diesen Anleitungen um Profi-Tipps, die sich in der Praxis mehrfach bewährt haben. Außerdem können sowohl Anfänger, die erst damit begonnen haben, ihre Webseite zu erstellen, zu organisieren und zu verwalten, als auch Profis, die seit Längerem einen Online-Auftritt gestalten, dieses Buch als Ratgeber nutzen.

Die Suchmaschinenoptimierung beinhaltet in der Regel geringe Veränderungen an bestimmten Teilbereichen einer Webseite. Dabei handelt es sich lediglich um minimale Verbesserungen, die jedoch einen großen Einfluss auf die Google-Suche haben. Allerdings gilt dies nur, wenn Webmaster SEO mit anderen Optimierungen sinnvoll kombinieren. Dadurch verbessern sie die Nutzererfahrung und die Leistung der jeweiligen Homepage in den organischen Suchergebnissen um ein Vielfaches. Die Optimierung von Webseiten orientiert sich an den Bedürfnissen der Nutzer. Auch wenn es auf den ersten Blick ein wenig seltsam erscheint, gehört die Suchmaschine ebenfalls zu den Nutzern. Sie hilft wiederum anderen Usern dabei, die zur Verfügung gestellten Webseiteninhalte zu entdecken. Das Ziel der Suchmaschinenoptimierung liegt in einer nachvollziehbaren Präsentation der Webseiteninhalte. Nachfolgende Optimierungsthemen bestechen mit ihrem Universalcharakter, da sie für Websites aller Größen und Typen gleichermaßen Gültigkeit haben.

Webmaster stellen sich zu Beginn ihrer SEO-Optimierung die Frage, ob ihre Seite überhaupt beim Google-Index (siehe Kapitel 1.3) zu finden ist. Um das zu überprüfen, führen sie eine Suche mit der jeweiligen URL der Startseite ihrer Homepage durch. Für den Fall eines erfolgreichen Suchergebnisses taucht die Webseite im Index auf. Es kann jedoch auch der Fall einer unauffindbaren Seite eintreten, selbst wenn Google mehrere Milliarden Seiten crawlt (siehe Kapitel 1.3). Die Gründe für eine unauffindbare Seite sind vielfältig. Das kann unter anderem an einer mangelnden Verknüpfung mit anderen Homepages liegen. Wenn der Veröffentlichungszeitpunkt noch nicht lange zurückliegt, kam Google nicht dazu, die Webseite zu crawlen. Ein Nichtauffinden einer Seite kann auch mit einem komplizierten Aufbau oder einem schwer zugänglichen Inhalt zusammenhängen. Google zeigt des Weiteren keine Seiten an, wenn es beim Crawlen Fehlermeldungen erhält. Richtlinien können ebenfalls das Crawling der Homepage mithilfe von Google blockieren.

1.2

DIE FUNKTIONSWEISE DES GOOGLE RANKINGS

Die Mehrheit der Internetnutzer glaubt, ihre Suche bei Google aktiv zu steuern. Viele wissen nicht, dass die Suchmaschine längst vor Ihrer Sucheingabe eine Auswahl getroffen hat. Google verfügt über unterschiedliche Rankingsysteme, die innerhalb von wenigen Sekunden mehrere Milliarden Webseiten durchsuchen, um dem Nutzer möglichst relevante Antworten auf seine Suchanfrage zu liefern. Dazu führt das System eine praktische Wortanalyse durch. Zahlreiche

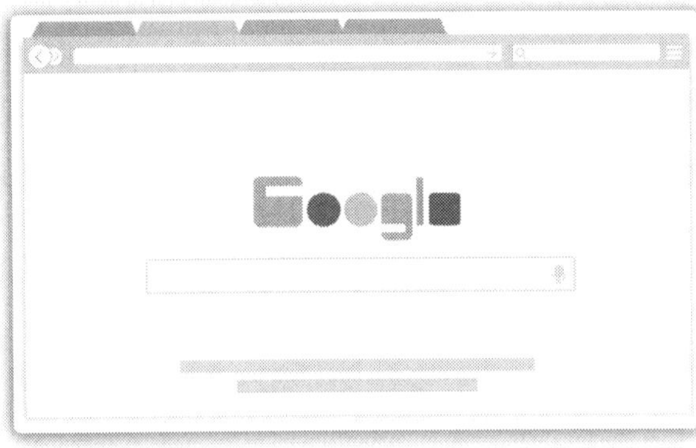

Sprachmodelle entschlüsseln die Bedeutung der eingegebenen Begriffe und durchstöbern den Suchindex nach den gewünschten Worten. Diese Aufgaben übernehmen clevere Suchalgorithmen in Kombination mit den genannten Sprachmodellen. Mittlerweile erkennt Google nicht nur Rechtschreibfehler, sondern hilft den Nutzern bei der Lösung von komplizierten Aufgaben, indem es die Art der Suchanfrage einer bestimmten Kategorie zuordnet. Die Suchmaschine verwendet ein System für Synonyme. Der Begriff Synonym steht für ein Wort, das mehrere Bedeutungen hat. Das erwähnte System von Google versteht, wonach der Nutzer sucht, selbst wenn der eingegebene Suchbegriff über mehrere Bedeutungen verfügt. Informatiker haben mehr als ein halbes Jahrzehnt in die Entstehung dieses Systems investiert. Ihre Mühe hat sich jedoch ausgezahlt, denn die Suchergebnisse verzeichnen eine Verbesserung in Höhe von mehr als 30 Prozent. Außerdem unterscheidet der Google-Suchalgorithmus, ob es sich bei der Anfrage um einen speziellen Begriff oder um eine allgemeingültige Frage handelt. Die Suchmaschine hält Ausschau nach Wörtern, die wertvolle Indizien liefern. Zu diesen gehören unter anderem Bilder, Rezensionen sowie Öffnungszeiten. Außerdem können die Algorithmen unterscheiden, ob der Nutzer nach Ergebnissen des heutigen Tages sucht oder eher Auskünfte über eine Organisation, die sich in seiner Umgebung befindet, Ausschau hält.

1.3

CRAWLING UND INDEXIERUNG ALS GRUNDPFEILER DER GOOGLE-SUCHE (WIE ERHÄLT GOOGLE INFORMATIONEN?)

Der Begriff „Crawling" stammt aus dem Englischen und steht in diesem Zusammenhang für das „Abrollen" einer Synchron- sowie Asynchronmaschine. Der sogenannte Web-Crawler bündelt Informationen von mehreren Milliarden Webseiten, die er chronologisch in Googles Stichwortverzeichnis nach deren Relevanz innerhalb von wenigen Sekunden ordnet. Der Prozess startet

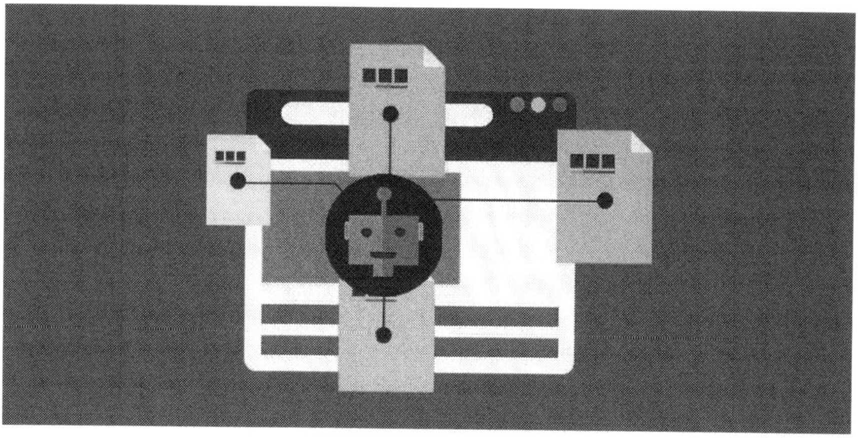

Aufgliederung von Suchmaschinemarketing

mit einer Aufzählung von verschiedenen Internetauftritten der früheren Crawlings und Sitemaps, die Homepageinhaber eingereicht haben. Im ersten Schritt rufen die Crawler die Webseiten auf und folgen anschließend den weiterführenden Links der jeweiligen Seite. Außerdem besteht die Aufgabe der Software darin, zu überprüfen, ob aktuellere Webseiten vorhanden sind, ob nennenswerte Umgestaltungen an den bestehenden Webseiten stattgefunden haben und ob veraltete Links vertreten sind. Des Weiteren legt die spezielle Crawling-Software fest, welche Webauftritte, zu welchem Zeitpunkt und wie häufig sie diese durchsucht. Sie bestimmt auch, wie viele sie von den zahlreichen Unterseiten der jeweiligen Webseite aufruft. Die Google Search Console beinhaltet verschiedene Webmaster-Tools. Diese ermöglichen den Webseitenentwicklern genau zu bestimmen, wie Google ihre Seite crawlen soll. Dabei geben sie spezifische Informationen zu den jeweiligen Seiten ihrer Homepage an. Ferner können sie Google, um ein erneutes Crawlen ihrer angegebenen URLs bitten oder auf Wunsch das Crawlen ihres Internetauftritts verhindern. Die Suchmaschine verlangt von den Nutzern keine monetären Gegenleistungen, um deren Homepages öfter zu „crawlen". Sie bietet sämtlichen Webseiteninhabern die gleichen Tools an, um den Nutzern die bestmöglichen Suchergebnisse zu gewährleisten.Das Internet symbolisiert eine virtuelle Bibliothek. Experten sprechen dabei von einer täglich wachsenden Leihbibliothek mit mehreren Milliarden Büchern, die jedoch keinem zentralen Katalogisierungssystem unterliegen. Aus diesem Grund sucht der Web-Crawler, nach einer speziellen Software sowie nach Internetauftritten, die der breiten Öffentlichkeit zugänglich sind. Die sogenannten Crawler gehen auf ihre auserwählten Seiten und besuchen die platzierten Verlinkungen. Der Prozess ist mit einem herkömmlichen Surfen im Internet gleichzusetzen. Dabei springen die Crawler von einem Link zum anderen. Anschließend schicken sie die relevanten Auskünfte an die Google-Server.

Bei einer erfolgreichen Suche der Crawler erscheinen die Webseiteninhalte wie in einem Browser eines Internetauftritts. Die cleveren Helfer begutachten dabei die relevantesten Elemente. Zu diesen gehören die Keywords sowie die Aktualität der Homepage. Anschließend vermerken sie diese im Suchindex. Der Google-Suchindex beinhaltet mehrere Milliarden Webseiten und ist 100 Millionen Gigabyte groß. Er arbeitet analog zu einem Stichwortverzeichnis eines gedruckten Buchs. Jeder einzelne Begriff, welchen der Crawler gefunden hat, wird eingetragen. Beim Indexierungsprozess fügt die Suchmaschine die jeweilige Webseite sämtlichen Einträgen den Begriffen hinzu, die sich auf der Homepage befinden. Der Knowledge Graph dient als wertvolles Hilfsmittel, Personen, Orte und Dinge, welche für den Nutzer eine hohe Bedeutung darstellen, einfacher zu verstehen. Deshalb indexiert Google nicht nur Webseiteninformationen, sondern auch andersartige Auskünfte. Aus diesem Grund ist Google dazu in der Lage, Berichte aus mehreren Millionen Büchern, die sich in zahlreichen Bibliotheken befinden, zu durchforsten, Fahrplanauskünfte des öffentlichen Nahverkehrs bereitzustellen sowie Daten aus verschiedenen Quellen wie der Weltbank zur Verfügung zu stellen.

1.4

DER AUFBAU EINER KAMPAGNE ZUR SUCHMASCHINENOPTIMIERUNG

Unternehmen können in der freien Wirtschaft nur bestehen bleiben, wenn sie sich komparative Konkurrenzvorteile erkämpfen. Dafür benötigen sie zum einen Produkte oder Dienstleistungen, welche an die Kundenbedürfnisse angepasst sind und zum anderen brauchen die gewinnorientierten Organisationen einen festen Kundenstamm sowie potenzielle Neukunden. Die Zeiten, in welchen die Mund-zu-Mund-Propaganda effektiv war, gehören seit Langem der Vergangenheit an.

Die digitale Landschaft hat mittlerweile den Kampf als beste Werbemaßnahme gewonnen. Online-Kampagnen gehören heutzutage zum Standardwerkzeug im Hinblick auf die Weiterentwicklung des bestehenden Kundenstamms. Des Weiteren können sie den Kundenservice verbessern, den Traffic steigern und generieren. Darüber hinaus fungieren Online-Kampagnen als Feedbackverbesserung. Dabei spielt der Aufbau der jeweiligen Darstellung zu einer Suchmaschinenoptimierung deszeitweiligen Unternehmens die entscheidende Rolle. Das Suchmaschinenmarketing, dessen englische Bedeutung Search Engine Marketing (SEM) lautet, hat sich in der Praxis in den letzten Jahren als ein erfolgreiches Werkzeug im Hinblick auf eine erfolgreiche Kampagne zur Suchmaschinenoptimierung erwiesen. SEM steht für die Durchführung sämtlicher Marketingmaßnahmen, die Unternehmen in den Suchmaschinen durchführen, um sowohl ihren Bekanntheitsgrad als auch ihre Dienstleistungen und Produkte in der Wahrnehmung der Kunden zu erhöhen. Das SEM ist mittlerweile für sämtliche Unternehmen von großer Bedeutung, da sie sich definitiv in der digitalen Welt bewegen müssen, um am Markt bestehen zu bleiben. Des Weiteren steigern gewinnorientierte Organisationen ihren Umsatz, wenn sie einen hohen Wert auf eine ordentliche Online-Präsenz legen. SEM leistet einen großen Beitrag bei der Aufgabe, Produkte und Dienstleistungen an den Endverbraucher zu bringen. Außerdem erhöhen die Unternehmer die Anzahl der Besucher ihrer Webseiten um ein Vielfaches. Online- und Offline-Werbeanzeigen fungieren dabei als effektive Hilfsmittel. SEM amtiert als eine von drei Säulen im Online-Marketing. Suchmaschinenmarketing bildet eine Kombination aus Search-Engine-Optimization (SEO) und Search-Engine-Advertising (SEA). Marketingexperten bezeichnen den letzteren Bereich auch als Affiliate-Marketing. Dieses definiert die partnerschaftliche Zusammenarbeit zwischen einem Verkäufer und dem Betreiber einer Webseite. SEM ist der Oberbegriff für SEO und SEA. Der Letztere verfolgt das Ziel, die Sichtbarkeit von Seiteninhalten zu optimieren. Gezielte Werbelinks, die sich in der Nähe von passenden Suchbegriffen befinden, fungieren als Hilfsmittel. Außerdem weisen beide Vorgehensweisen weitere Vorteile, wie ein erfolgreiches Messen der Ergebnisse, auf. Im Nachfolgenden wird der Aufbau einer SEO-Kampagne dargestellt.

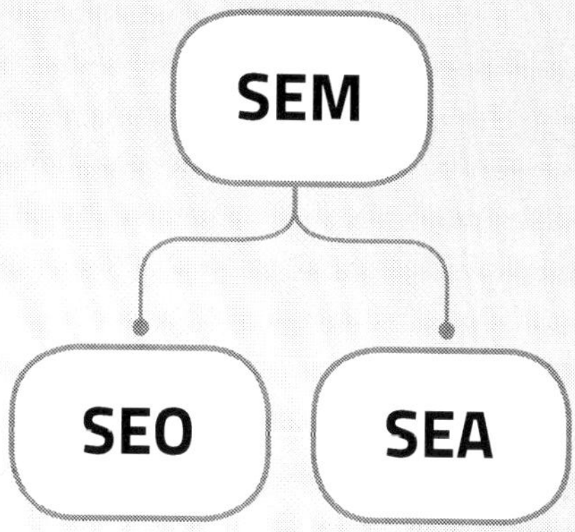

Aufgliederung von Suchmaschinemarketing

Der Aufbau einer erfolgreichen SEO Kampagne

SEO-Kampagnen verfolgen das Ziel, das Ranking einer Webseite, die Traffic- und die Conversion-Rate zu steigern. Hierbei ist zu beachten, dass die zusammengefassten Ratschläge als Anleitung für das Kreieren einer erfolgreichen SEO-Kampagne dienen. Seit August 2018 hat Google ein neues Core bzw. Kern Update veröffentlicht. Dementsprechend gehören seit diesem Update die drei Rankingfaktoren Expertise, Autorität und Vertrauen zu den ausschlaggebenden Faktoren einer gelungenen Website. Eine SEO-Kampagne verlangt von den Webseitenbetreibern, diese drei Faktoren innerhalb der Webseite zu steigern.

Eine erfolgreiche Kampagne beginnt mit einer guten Vorbereitung. Ehe Webseitenbetreiber ihre inhaltlichen sowie zeitlichen Ziele festlegen, definieren sie zuerst ihre Zielgruppe durch Personas. An zweiter Stelle stehen jedoch die Keywords. Sie machen einen großen Anteil der SEO-Strategie aus. Anhand der Keywords legen Webdesigner fest, zu welchen Themen sie von ihren Nutzern gefunden werden möchten. Dabei erstellen die Verantwortlichen Suchphrasen, die ihre Personas in den Suchmaschinen eingeben würden, um die jeweiligen Produkte, Dienstleistungen sowie Webseiteninhalte zu finden. Für die passenden Keywords ist der Einsatz eines Keyword Planners empfehlenswert. In diesem Buch erfolgt im zweiten Kapitel eine ausführliche Anleitung für eine erfolgreiche Anwendung von passenden Keywords. Webdesigner sollten sich bei ihrem Einsatz von Schlüsselbegriffen allerdings auf Fragen, welche die Nutzer stellen könnten, anstatt auf einzelne Schlüsselbegriffe, konzentrieren.

SEO-Kampagnen zeichnen sich jedoch nicht nur durch mit Bedacht gewählte Keywords, sondern auch durch einen gut strukturierten Content aus. Blogs gehören mittlerweile zu den bedeutendsten Content-Werkzeugen von Unternehmen. Ihr Erfolg hängt jedoch primär vom jeweiligen Inhalt ab. Blogs etablieren Organisationen als Spezialisten auf ihrem Fachgebiet. Mithilfe der ausgesuchten Keywords können Webmaster allerdings ihren Blog-Content kreieren sowie hilfreiche Artikel im Hinblick auf die Fragen ihrer Personas verfassen. Handwerkliche Betriebe können beispielsweise einen Blogartikel über den Einbau eines Fensters verfassen. Dabei lohnt sich das Beantworten der Frage: „Wie baue ich ein Fenster ein?". Interessante und informative Artikel setzen sich definitiv besser gegen die Konkurrenz durch. Nach der Veröffentlichung des jeweiligen Blog-Artikels sollte eine Promotion über Social-Media-Kanäle beginnen. Schließlich verdient ein guter Inhalt auch eine aufmerksamkeitserregende Werbung. Gut strukturierte SEO-Kampagnen enthalten jedoch eine einwandfreie Strategie zum Backlink Building. Sie stellen einen bedeutenden Faktor im Hinblick auf die Google-Suche dar. Webseiten profitieren mithilfe eines guten Link Buildings von einem höheren Ranking. Allerdings sollten Webmaster im Hinterkopf stets die Information „Qualität ist wichtiger als Quantität" haben. In diesem Buch erhalten interessierte Webmaster eine fundierte Anleitung, wie sie ihre Seite bei der organischen Suche besser ranken können. Diejenigen, die diese Ratschläge erfolgreich in die Praxis umsetzen, profitieren von dieser kostenlosen Werbemaßnahme. Eine hohe Ranking-Position ist mit einer guten Werbung vergleichbar. Webmaster haben jedoch auch die Möglichkeit ihre Suchergebnisse zu verbessern, indem sie für diese bezahlen. Deshalb enthält dieses Buch ein exklusives Bonusmaterial, welches Webdesignern die Vorgehensweise bei der Nutzung der bezahlten Suchergebnisse Schritt-für-Schritt erklärt.

Webmaster müssen sich jedoch mit der Funktionsweise von Google und dessen schlauen Helfern vertraut machen, um ihre Webseite so zu optimieren, dass diese möglichst weit oben erscheint. Eine SEO Kampagne stellt das Synonym für einen Feldzug im Internet dar. Schließlich verfolgen Webmaster das Ziel, sich gegen ihre Konkurrenz durchzusetzen. Aus diesem Grund lohnt sich eine intensive Auseinandersetzung mit Googles Helfern. Dabei handelt es sich um sogenannte Bots, die eine wichtige Funktion beim Google Ranking erfüllen. Deshalb verdienen sie eine intensive Auseinandersetzung. Sie werden im nachfolgenden Kapitel samt Funktionsweise ausführlich dargestellt.

1.5

GOOGLE UND SEINE CLEVEREN HELFER – GOOGLE BOTS

Google Bots sind unverzichtbare Werkzeuge, wenn es um das Lesen von Webseiten geht. Ihr Name geht auf Google und die technische Bezeichnung Bot zurück. Wobei der zweite Begriff eine Abkürzung für Robot darstellt. Die spezifische Botsart stellen die bereits erwähnten Webcrawler dar. Sie nennen sich auch Searchbots. Dank ihrer einzigartigen Programmierung können sie das Internet durchforsten sowie Webseiten analysieren. Google verlässt sich auf seinen Bot, um bei der Suche Erfolge zu verzeichnen. Der Robot beweist seine Existenz mit einer spezifischen User-Agent-Kennung Google Bot 2.1. Der Google Bot wandert von Link zu Link, um Webseiten ausfindig zu machen. Anschließend landen die Inhalte in Abhängigkeit von ihrer Relevanz im Googleindex. Deshalb stellt die Prüfung des Google Bots einen bedeutenden Schritt für die Platzierung einer Webseite bei den Suchergebnissen auf Google dar. Der Google Bot für die Websuche ist jedoch nicht der einzige seiner Art. Daneben existiert noch der Google Bot-News, Google Bot-Video und der Google Bot-Mobile, der sein Dasein den heutigen Webseiten der Smartphones verdankt. Wenn einer der genannten Bots erst vor Kurzem eine Webseite gecrawlt hat, legt er die Inhalte für die anderen Crawler in einem Cache ab. Google Bots spielen bei der Suchmaschinenoptimierung, welche in den nachfolgenden Kapiteln ausführlich erläutert wird, eine entscheidende Rolle. Googles Marktanteil beträgt dabei mehr als 90 Prozent. Für die Indexierung spielt jedoch der Crawling-Prozess durch die Google Bots die Hauptrolle.

Dabei hängt es von verschiedenen Faktoren ab, wie oft der Bot eine Webseite besucht. Links bestimmen seine Bewegungshäufigkeit. Aus diesem Grund sind sowohl die Page Ranks als auch die Anzahl und die Qualität der existierenden Backlinks maßgeblich. Allerdings gilt das nur bis zu dem Zeitpunkt, bis der Google Bot ein erneutes Crawling der jeweiligen Seite tätigt. Ladezeiten und Webseitenstrukturen sowie Aktualisierungsfrequenzen der Seiteninhalte nehmen eine bedeutende Rolle während des Crawlingprozesses ein. Seiten, die mit zahlreichen und vorteilhaften Backlinks ausgestattet sind, können alle zehn Sekunden vom Google Bot gelesen werden. Kleinere Seiten hingegen können bis zu einem Monat oder auch länger darauf warten, um von Google indiziert zu werden.

Im Hinblick auf ein suchmaschinenoptimiertes Marketing kommen Webseitenbetreiber um das Einbringen ihrer Seite in den Google Index definitiv nicht herum. Dieses Vorgehen ist essenziell für das Auffinden einer Seite bei den Suchergebnissen. Der Google Crawler nutzt unterschiedliche Elemente, um eine Seite zu indexieren. Deshalb ist ein gutes ON-Page SEO für einen festen Platz im Google Index unabdingbar. ON-Page SEO beinhaltet die Erstellung sowie die Optimierung des Webseiten-Contents.

Die Verlinkung auf andere aussagekräftige Webseiten und URLs stellt ein weiteres bedeutendes Kriterium dar. Für den Google Bot ist die Einhaltung dieser Bedingung von großer Bedeutung. Auf diese Weise steigert die eigene Homepage ihren Bekanntheitsgrad.

Der Weg zur Top-Position im Suchindex

2.0

Dieses Kapitel beginnt mit der Keyword Recherche, da diese einen elementaren Platz im Hinblick auf die Gestaltung einer Seite, die sich in der Top-Position im Suchindex befindet, einnimmt. Anschließend erfolgt eine Darstellung der Qualitätsrichtlinien. Webadministratoren müssen diese einhalten, um von einem nachhaltigen Ranking zu profitieren. Im nächsten Schritt findet eine ausführliche Präsentation der notwendigen Änderungen einer Webseite, die das Ranking um ein Vielfaches erhöhen, statt. Dabei handelt es sich um On-Page SEO-Maßnahmen. Allerdings hat das Thema namens Pagespeed ein eigenes Unterkapitel erhalten, da es von einem unschätzbaren Wert ist, auch wenn es ein Baustein der ON-Page Suchmaschinenoptimierung darstellt. Nach diesen informativen Anleitungen freuen sich die strukturierten Daten über eine ausgiebige Widmung, da sie ebenfalls das Ranking einer Webseite verbessern. Darüber hinaus wird das OFF-Page SEO ausführlich erklärt, denn dieses ist aus einer gelungenen Suchmaschinenoptimierung nicht mehr wegzudenken.

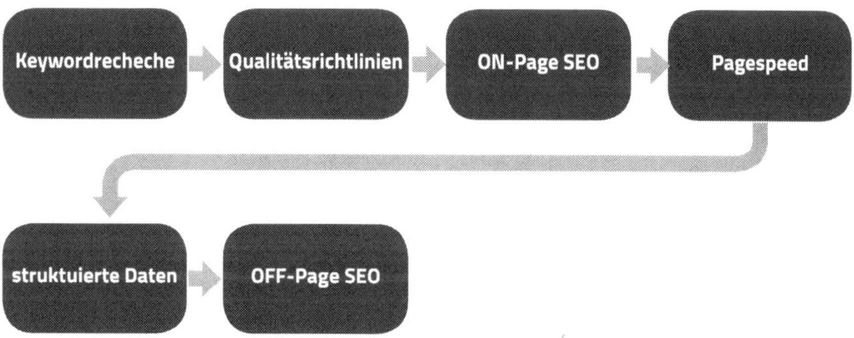

Aufbau einer SEO-Kampagne (Der Bereich Pagespeed hat ein eignes Kapitel, da er sehr wichtig und komplex ist)

2.1

KEYWORD RECHERCHE

Die Keyword Recherche stellt eine elementare Funktion in der Suchmaschinenoptimierung dar. Ohne diese Tätigkeit ist der Erfolg einer Webseite definitiv zum Scheitern verurteilt. Keywords sind Schlüsselbegriffe, mit welchen sowohl Webmaster als auch Nutzer einen Internetauftritt in Verbindung bringen. Deshalb müssen diese mit Bedacht gewählt werden. Des Weiteren schlüpfen Webdesigner während der Keyword Recherche in die Rolle ihrer Seitenbesucher. Sie machen Phrasen und Schlagworte ausfindig, welche die Nutzer in Suchmaschinen eingeben. Anschließend platzieren sie diese auf eine geschickte Art in ihrem Online-Auftritt, um bei den organischen (den unbezahlten) Suchergebnissen möglichst weit oben zu erscheinen. Die Herausforderung besteht jedoch darin, die richtigen Keywords zu finden, die bei den Nutzern beliebt sind, sich jedoch von der Konkurrenz abheben. Deshalb erhalten Webmaster in diesem Kapitel eine ausführliche Anleitung, wie sie die passenden Schlagworte finden und ihre Webseite dementsprechend besser ranken.

2.1.1 Die richtigen Keywords für erfolgreiche Suchmaschinenoptimierung finden.

Das richtige Keyword ist der Schlüssel zum Erfolg, denn dieses legt fest, ob die anvisierte Zielgruppe die Webseite eines Unternehmens findet. Wenn Webmaster ihre Keywords nicht mit Bedacht wählen, vergeuden sie viel Zeit und Arbeit. Deshalb wird in diesem Abschnitt des Kapitels eine Drei-Schritte-Technik erläutert, welche Webmastern das Ärgernis einer sinnlosen Arbeit erspart.

Die Keyword Recherche der Suchmaschinenoptimierung steht für die Suche nach einem geeigneten Schlagwort zu einer Webseite. Über das gewählte Stichwort machen Nutzer die jeweilige Seite im Internet ausfindig. Dementsprechend spielt die Wahl des Keywords die Hauptrolle. Dieses sollte jedoch nicht nur mit dem Webseiteninhalt übereinstimmen, sondern auch von der gewählten Zielgruppe gesucht werden. Die Bezeichnung Keyword steht allerdings nicht nur für ein einziges Stichwort, sondern definiert auch eine Texteinheit, die entweder im Text zu finden ist oder als passendes Schlagwort kurz den Inhalt des Textes wiedergibt. Demgemäß setzen sich Keywords aus mehreren Begriffen sowie Zahlen zusammen. Sie sind Repräsentanten für Begriffe, über welche ein Text bestenfalls bei Google sowie weiteren Suchmaschinen gefunden wird. Die größte Herausforderung der Webmaster liegt in ihrer Fähigkeit, sich in ihre Zielgruppe hineinzuversetzen. In der Praxis passiert es des Öfteren, dass Webseiten auf unpassende Stichworte optimiert werden, weil die Zielgruppe völlig andere Bezeichnungen nutzt als der Webseitenbetreiber. Das Ziel der Keyword Recherche besteht im Auffinden der Worte, nach denen die Mehrheit der jeweiligen Zielgruppe sucht.

2.1.2 Arten von Keywörtern

Es existieren verschiedene Keyword-Arten. Im Hinblick auf die Intention der Nutzer lassen sich Keywörter in drei unterschiedliches Gruppen gliedern. Diese setzen sich aus kommerziellen, informativen und navigierenden Schlagworten zusammen.

Kommerzielle Keyworter geben Nutzer ein, die eine Kaufabsicht verfolgen. Ein klassisches Beispiel hierfür wäre "Reiseführer USA kaufen". Diejenigen, die das gesuchte Produkt verkaufen, sollten ihre Schlüsselwörter mit Bedacht wählen und stets darauf achten, die Kaufabsicht zu signalisieren.

Bei der Wahl der Keywörter "Reisetipps USA" hingegen, verfolgen User, die diese Begriffe eingeben, die Absicht, kostenfreie Reisetipps zu erhalten. Somit besteht die Hauptabsicht dieses Nutzers definitiv nicht im Aufsuchen eines kostenpflichtigen Reiseführers. Allerdings können Anbieter, die einen Artikel mit kostenlosen Reisetipps für die USA anbieten und am Ende des Textes ihren Reiseführer bewerben möchten, dieses Keyword verwenden.

Nutzer, die nach Informationen zu einem bestimmten Thema suchen, verwenden informative Keywörter. Die Frage: "Wie groß ist der Eiffelturm?" ist ein klassisches Beispiel für die Verwendung informativer Keywörter. Ferner eignen sich derartige Fragen hervorragend für das Voice SEO. In diesem Buch ist ein zusätzliches Kapitel zu diesem Thema aufgeführt. Webmaster, welche auf diese Schlagworte zurückgreifen, finden definitiv keine Nutzer, die eine Kaufabsicht verfolgen.

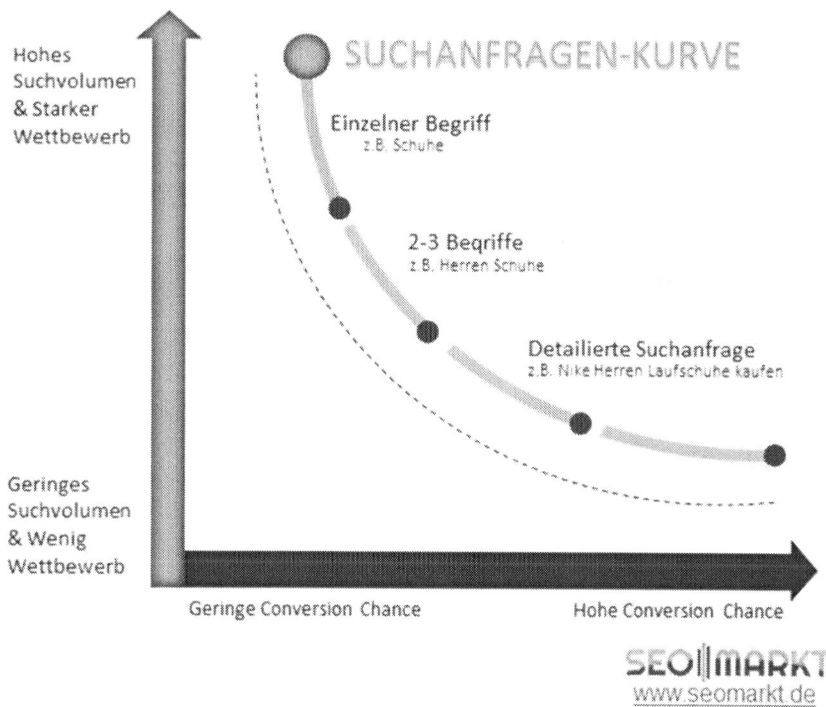

Grafische Darstellung des Suchvolumens sowie der Länge von Keywörtern

Navigationsorientierte Keywörter sind Begriffe, die Nutzer, welche ein Produkt oder eine Dienstleistung kennen, eingeben. Die User suchen in diesem Fall lediglich nach einer passenden Seite oder Unterseite. "Apple Store München" ist ein typisches Beispiel für eine navigationsorientierte Keyword-Kombination.

Webmaster, die auf der Suche nach den passenden Schlüsselbegriffen sind, sollten stets die genannten drei Keyword-Arten im Hinterkopf haben.

Zuletzt lassen sich die Keywörter noch nach dem Unterscheidungsmerkmal der Länge differenzieren. Im Hinblick auf die Länge sind Keywordformen wie Short sowie Head Tail, Mid Tail und Tail vorhanden.

Short oder Head Tail Keywords setzen sich aus nur einem einzigen Begriff zusammen. Auch wenn es sich bei dieser Keyword-Art gerade um eine unspezifische Gattung handelt, deckt sie dennoch ein riesiges Spektrum ab.

Mid Tail Keywords beinhalten überwiegend zwei bis drei Begriffe und stellen die Mitte der äußerst unspezifischen Short Tail sowie spezifischen Long Tail Keywords dar.

Long Tail Keywords beinhalten in der Regel mehr als vier Begriffe. Bei diesem Stichwort handelt es sich um eine spezifische Keyword-Art, die dank einem Anhängen von zusätzlichen Begriffen immer exakter wird.

Ein Beispiel für ein Short oder Head Tail Keyword wäre beispielsweise der Begriff „Brot". Die Mid Tail Keyword Erweiterung könnte lauten „Brot backen". Das finale Long Tail Keyword wäre eventuell „Brot zu Hause backen".

2.1.3 Die Unterscheidung von guten und schlechten Keywords

Bevor auf die Anleitung für eine gelungene Keyword Recherche eingegangen wird, erfolgt zunächst die Unterscheidung von guten und schlechten Stichworten.

Ein Online-Händler, der Oberbekleidung wie T-Shirts, Jacken oder Pullover verkauft, würde vermutlich auf den ersten Blick das Keyword „Oberbekleidung", welches zwar theoretisch vollkommen korrekt ist, jedoch in der Praxis bei den Suchenden weniger gut ankommt, wählen. Denn die Frage lautet, ob die Zielgruppe tatsächlich nach „Oberbekleidung" sucht. Die Antwort lautet eher nein. Beim Schlagwort „Oberbekleidung" handelt es sich um ein Head Tail Keyword, welches darüber hinaus nicht kommerziell ist. Selbst wenn es ein hohes Suchvolumen erreichen könnte, wäre die Anzahl der Anschlüsse äußerst niedrig, da dieses Stichwort zu ungenau ist. Die Keywords „T-Shirt" oder „Jacke" stellen ebenfalls keine geeignete Alternative dar, weil aus ihnen nicht hervorgeht, welches Ziel die Suchenden anstreben, weil es sich hierbei nicht um ein kommerzielles Keyword handelt. Wenn die Individuen einen Kauf tätigen möchten, werden sie eher die Keywords „Jacke kaufen" (kommerzielles Keyword) eingeben. Online-Händler, die ihren Shop lediglich für den Begriff „Jacke" ranken, sprechen keineswegs ihre gewünschte Zielgruppe direkt an. Die Keyword Recherche zielt somit auf eine präzise Formulierung und genaue Ausrichtung der Keywords ab.

Generell gilt das Prinzip: „Je allgemeiner ein Stichwort ist, desto größer ist die Anzahl der geeigneten Seiten, die Google findet". Das führt zugleich zu einer enormen Konkurrenz. Dementsprechend sinkt die Chance des Online-Händlers, der seinen Shop lediglich nach dem Keyword „Jacke" rankt, auf die erste Seite zu kommen, erheblich. Deshalb sollte ein Stichwort, welches das jeweilige Angebot der Seite möglichst genau beschreibt, das Hauptziel sein. Allerdings sollte es sich dabei um ein kommerzielles Keyword handeln. Auf diese Weise erreichen Unternehmer ihre Zielgruppe mit einem deutlich geringeren Aufwand.

2.1.4 Empfehlung von Keyword Arten

Um passende Keywords zu finden, ist die Kenntnis über die richtige Keyword-Art zwingend notwendig. Zeitweilig dominierten die Long Tail Keywords in der Suchmaschinenoptimierung. Das liegt unter anderem an der geringen Anzahl der Wettbewerber. Deshalb können Webseitenbetreiber schneller den oberen Rang bei Suchanfragen belegen. Das Problem, welche Long Tail Keywords mit sich bringen, liegt jedoch in ihrem Suchvolumen. Ein Suchvolumen von 100 reicht nicht aus, um mit einer Webseite erfolgreich zu sein. Aus diesem Grund findet eine Optimierung von ähnlichen Long Tail Keywords und verwandten Texten mithilfe von unterschiedlichen Keywords statt. Deshalb ist der Fall, dass eine Seite fünf einzelne Webseiten mit derselben Thematik präsentiert, die jedoch mit verschiedenen Long Tail Keywords optimiert wird, nicht empfehlenswert. Dies erhöht das Suchvolumen. Allerdings hat diese Strategie ausgedient. Google ist mittlerweile äußerst clever und erkennt diese Tricks. Diese Strategie fand spätestens mit dem sogenannten Panda Update ein Ende. Aus diesem Grund ranken Webseitenbetreiber nur lediglich zu einem einzigen Long Tail Keyword, was jedoch das Suchvolumen verringert. Der nachfolgende Überblick fasst noch einmal die Nachteile der Long Tail Keywords zusammen.

- Neueste Updates unterbinden das Google Ranking unterschiedlicher Seiten zum selben Thema.
- Das Suchvolumen ist äußerst gering.
- Beiträge, die sich durch eine minderwertige Qualität auszeichnen, beeinflussen die Autorität der Webseite auf eine negative Weise.

Aufgrund der genannten Nachteile lohnt sich ein Ausweichen auf Mid Tail Keywords. Selbst wenn diese hart umkämpft sind, können sie bei einer guten Wahl sowie mit einer übereinstimmenden Content Promotion, eine Webseite schnell in die oberen Ränge katapultieren.

Bei Short Tail Keywords ist die Konkurrenz jedoch am größten. Dafür erreichen Webmaster mit dieser Keyword Art die größte Anzahl der Nutzer. Dennoch hat die Praxis bewiesen, dass Short Tail Keywords in der Regel nicht die richtige Wahl darstellen. Deshalb eignen sich Mid Tail Keywords am besten. Bei ihnen hält sich die Konkurrenz in Grenzen. Das liegt teilweise daran, dass sie nicht so allgemein sind wie Short Tail Keywords. Darüber hinaus erhöhen sie die Wahrscheinlichkeit eines Abschlusses.

Eine sorgfältig durchgeführte Keyword Recherche erspart den Webmastern nicht nur Zeit, sondern auch Geld. Ein passendes Keyword stellt die Voraussetzung zum Geldverdienen dar. Unpassende Stichworte, die nicht zum Webseiteninhalt passen, liefern den Suchenden auch keinen Mehrwert. Außerdem können sorgfältige Webmaster mit einer guten Keyword Recherche Stichworte ausfindig machen, welche die Wettbewerber nicht nutzen. Auf diese Weise profitieren Webmaster von den komparativen Konkurrenzvorteilen. Im nachfolgenden Kapitel erfolgt eine Darstellung der Keyword Recherche unter einer Zuhilfenahme von kostenlosen Tools.

2.1.5 Geeignete Methoden und strukturierte Vorgehensweisen bei der Keyword Recherche

Die nachfolgende Keyword Recherche kann mit Google getätigt werden. Webmaster benötigen bei dieser Anleitung keine kostenpflichtigen Tools. Dementsprechend ist die dargestellte Keyword Recherche kostenlos.

1. Keyword Brainstorming
2. Notieren von Schlagworten, die zu der jeweiligen Webseite passen
3. Das Keyword wird von einer Wolke mit passenden weiteren Begriffen umgeben
4. Wenn das Beispiel Keyword „Brot backen“ heißt, können weitere Begriffe wie glutenfrei, Vollkornmehl, Sonnenblumenbrot oder Baguette das Haupt Keyword umgeben.

Um diese Maßnahmen besser nachvollziehen und anwenden zu können, erfolgt eine Durchführung der angegebenen Techniken am Beispiel Keyword "Brot backen".

Keyword Eingabe in ein passendes Keyword Tool

Die nachfolgende Anleitung dient für eine erfolgreiche Keyword Recherche, die mit Google durchgeführt wird. Der Google Keyword Planer leistet dabei Abhilfe. Webmaster können jedoch auch auf andere Keyword Tools, welche sie kostenlos nutzen können, zurückgreifen. Nach der Tool-Auswahl erfolgt die Eingabe des Keywords in das gewählte Tool. Diejenigen, welche die Keyword Recherche mit AdWords tätigen möchten, benötigen lediglich ein Google Konto. Im Anschluss geben die Webmaster im Keyword Planer Tool lediglich ihren Hauptbegriff unter „Mithilfe einer Wortgruppe, einer Webseite sowie einer Kategorie nach neuen Keywords suchen" ein. Bei einem Klick auf Ideen Abrufen, werden unterschiedliche angezeigt.

Sortieren der Liste bei der Keyword Recherche nach dem jeweiligen Suchvolumen

Als Resultat erhalten Nutzer eine ganze Liste mit Keyword Vorschlägen, die dem Hauptbegriff entsprechen. Mit einem Klick auf das Feld namens „Durchschnittliche Suchanfragen pro Monat" können Webmaster diese von groß nach klein ordnen lassen. Im oberen Rang tauchen die Keywords, die sich durch das höchste Suchvolumen auszeichnen, auf. Am Ende oder auf den letzten Ergebnisseiten dieser Liste, sind Stichworte mit einem geringen Suchvolumen erwähnt. In der Regel sind dies Long Tail Keywords. Für Webmaster sind die mittleren Ränge von Bedeutung, da an dieser Stelle die Mehrheit der Mid Tail Keywords platziert ist. Anhand dieser Anzeige wählen Betreiber von Webseiten ein Keyword, welches am besten zu den Inhalten ihres Online-Auftritts passt, aus. Es empfiehlt sich, einen Blick auf die Spalte namens „Wettbewerb" zu werfen und dabei auch die rankenden Seiten zum jeweiligen Mid Tail Keyword genauer zu inspizieren. Da es sich beim Google Keyword Planer jedoch um ein AdWords Tool handelt, bezieht sich die Konkurrenz nicht auf die Anzeige der Suchergebnisse, sondern auf allgemeine Anzeigen. Aus diesem Grund dürfen Webmaster die rankenden Webseiten zu dem jeweiligen Stichwort nicht vernachlässigen.

Wettbewerbsanalyse

Bei diesem Schritt analysieren Webmaster ihre Wettbewerber zu einem Keyword. Hierfür existieren unterschiedliche Indikatoren. Dabei kann sowohl die Konkurrenz als Hinweis dafür, wie mächtig der Wettbewerb ist, dienen, als auch das „Unterbreitete Gebot“. Je höher das Gebot, desto höher ist der Wettbewerb. Dennoch verlassen sich Webseitendesigner nicht nur auf diese Informationen. Das liegt daran, dass ein bestimmtes Keyword als Anzeige äußerst kostspielig ist und sich einer großen Beliebtheit erfreut, jedoch bei den organischen Suchergebnissen keine großen Erfolge erzielt. Um herauszufinden, wie groß der Wettbewerb zum ausgewählten Keyword ist, lohnt sich das Anwenden der nachfolgenden Techniken.

1. Eingabe der URL, der Domain Metriken sowie eine Überprüfung der Backlinks
2. Kontrolle der ON-Page Optimierung
3. Die jeweiligen Suchergebnisse auf Frage-Antwort Seiten oder in Foren prüfen
4. Content Qualität genauer inspizieren.

Um diese Maßnahmen besser nachzuvollziehen und anzuwenden, erfolgt eine Durchführung der angegebenen Techniken am Beispiel-Keyword „Brot backen“.

1. **Eingabe der URL, der Domain Metriken sowie eine Überprüfung der Backlinks**

   Bei diesem Schritt nutzen Webmaster ein Tool, welches ihnen bedeutende Metriken präsentiert. Das kostenlose Tool namens "SEO Toolbar" des Entwicklers namens MOZ kann dabei behilflich sein. Es erfordert eine Installation. Nach der erfolgreichen Einrichtung der Toolbar, erfolgt die Keyword Eingabe bei Google. Unter den gegenwärtigen Ergebnissen taucht nun ohne weiteres die Toolbar samt sämtlichen Metriken zu der übereinstimmenden Seite sowie Domain auf. Webmaster interessieren sich insbesondere für die Werte URL Rating, Backlinks / Verlinkende Domains zur Webseite, Domain Rating sowie für die Backlinks / Verlinkende Domains zur vollständigen Seite.

   Zuerst erfolgt eine Analyse des URL Ratings. Dieses repräsentiert die Stärke einer einzelnen Seite. Dabei bewegt sich in diesem Fall die Mehrheit der Werte unterhalb der Ziffer 20. letztendlich bedeutet das, dass sich der Wettbewerb eher im unteren Bereich bewegt.

   Webmaster sollten sich die Information, wie auf diese Webseite verlinkt wurde, nicht entgehen lassen. Aus diesem Grund ist das

Nennen der Quelle des Backlinks unabdingbar. Um diese Aufgabe zu erfüllen, brauchen sie einen sogenannten Backlink Checker. Diejenigen, die nicht über ein Tool, das Backlinks zu einer Domain anzeigen kann, verfügen, können ein kostenloses Tool wählen.

Bei der Backlink Analyse einer Seite, die sich auf Platz eins befindet, raten Experten die nachfolgenden Aspekte zu berücksichtigen. Anhand des Domain Ratings lesen Webmaster heraus, dass starke Domains auf diese Seite verlinken. In der Regel handelt es sich dabei um themenrelevante Webseiten. Die Link Type-Übersicht zeigt beispielsweise an, dass von den 41 Backlinks lediglich ein einziger Backlink mit der Kennzeichnung „NoFollow" versehen ist. Somit weisen nahezu alle Backlinks eine hochwertige Qualität auf. Google legt einen hohen Wert auf die präsentierten Inhalte. Die Seite, welche den ersten Rang ergattert hat, bietet den Nutzern einen informativen Beitrag, in welchem sie auch allgemeine Informationen zum Thema „Brot backen" finden. Zum Schluss erfolgt die Analyse der Metriken zu den jeweiligen Domains. Wenn fast alle ein Domain Rating von über 50 und nur tausende oder auch mehrere Millionen Backlinks aufweisen, sollten Webmaster einsehen, dass sie bei diesem Keyword nur mit Mühe mit den anderen Webseiten konkurrieren können.

2. **Kontrolle der OnPage Optimierung**

Da die ON-Page Optimierung einen bedeutenden Aspekt bei der Suchmaschinenoptimierung darstellt, deuten allerdings zahlreiche Seiten, die nicht optimiert wurden, auf eine geringe Konkurrenz hin. Bei der ON-Page Optimierung Kontrolle sehen sich Webmaster die Suchergebnisse genauer an. Sie überprüfen, ob das gewählte Keyword in den Title Tags präsent ist. Nahezu sämtliche Einträge verwenden das Stichwort „Nahrungsergänzungsmittel kaufen". Um dieser Tatsache auf den Grund zu gehen, sollten Webmaster dennoch die einzelnen Seiten unter die Lupe nehmen. Wichtige Hinweise für eine Optimierung liefern zum Beispiel:

- Keyword Platzierung in H1 + H2 Überschriften
- Keyword Platzierung in der jeweiligen URL

Webdesigner haben die Möglichkeit, sich die Webseite anzusehen und manuell die Prüfung der ON-Page Optimierung durchzuführen oder auf das gebührenfreie SEO Check Tool von OneProSEO zurückzugreifen. Dieses führt die Kontrolle der ON-Page Optimierung durch.

Falls bei der Konkurrenz Webseite das Keyword in der URL sowie in den zahlreichen H1 Überschriften, außer in den H2 Überschriften vorkommen sollte, bedeutet das dennoch nicht, dass die Seite schlecht optimiert wurde. Diesen Schritt zur Kontrolle sollten Webmaster bei den ersten Top-Ten-Webseiten durchführen. Wenn sie dabei eine oder auch zwei Seiten ausfindig machen, die nicht optimiert wurden, können sie diesen Hinweis als Indikator für ein Stichwort mit einem geringen Wettbewerb betrachten.

3. **Die jeweiligen Suchergebnisse auf Frage-Antwort Seiten oder in Foren prüfen.**

   Zu einigen Stichworten können des Weiteren Fragen aus Frage-Antwort-Seiten oder Foren wie "gutefrage.net" in den Top 10 auftauchen. Dieser Hinweis beweist, wie mangelhaft die die Seite der Wettbewerber in Bezug auf dieses Keyword optimiert wurde.

4. **Content Qualität genauer inspizieren.**

   Der Schritt der Kontrolle der Content-Qualität stellt den wichtigsten Aspekt bei der Keyword Recherche dar. Dazu schauen sich Webmaster die Seiteninhalte der einzelnen Seiten genau an. Wenn sie dazu überwiegend bescheidene Informationen oder langweilige sowie viel zu kurze Artikel zum Thema „Nahrungsergänzungsmittel kaufen" finden, liefert das einen eindeutigen Hinweis auf eine schwache Konkurrenz. Wenn die Artikel zu diesem Thema jedoch ausschließlich lang und informativ sind, dann handelt es sich definitiv um ein starkes Keyword. Aus diesem Grund lohnt sich die Suche nach einem alternativen Stichwort. Der bereits erwähnte Steckbrief kann dabei als wichtige Hilfeleistung fungieren.

Der Keyword Planer von Google

Personen, die im Keyword Planer von Google nach einem Stichwort suchen, finden mittlerweile in der zuständigen Spalte die genaue Anzahl der Keywords und des zugehörigen Suchvolumens. Der Keyword Planner von Google ermöglicht seinen Nutzern auch weiterhin das genaue Suchvolumen zu überprüfen. Doch dafür müssen sie einige Hürden in Kauf nehmen.

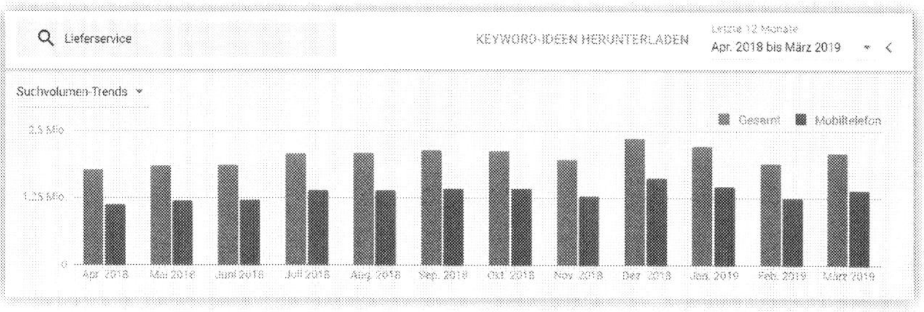

Suchvolumen-Trends im zeitlichen Ablauf

- Im ersten Schritt wählen Webmaster die Funktion „Neue Keywords ermitteln" aus. Anschließend führen sie eine gewöhnliche Suche nach einem Stichwort durch.

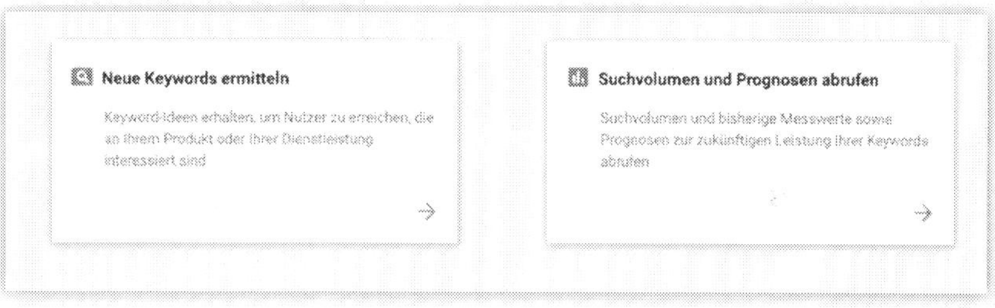

Startbildschirm des Google Keyword-Planer

- Danach sollten Webmaster sichergehen, die Zielregion Deutschland ausgewählt zu haben. Die Standardeinstellung bezieht sich stets auf die USA. Deshalb ist die Beachtung dieser Einstellung wichtig. Nach einem Anklicken der Zielregion und der dazugehörigen Sprache können sich Nutzer über eine deutsche Version freuen.

Der Keyword Planer zeigt nun eine Liste mit dem Suchvolumen sowie dem Suchbegriff an. Er liefert sinnvolle Ideen für Keywords, welche Webmaster nutzen können. Außerdem erhalten die Nutzer eine Information bezüglich Keywords der Werbeanzeigen ihrer Konkurrenz. Allerdings sollten sie diese auf keinen Fall eins zu eins übernehmen. Eine detaillierte Erklärung diesbezüglich folgt auf den nächsten Seiten.

Keyword (nach Relevanz)	Durchschnittl. Suchanfragen pro Monat	Wettbewerb
Von Ihnen eingegebene Begriffe		
lieferservice	60.500	Mittel
Keyword-Ideen		
pizza bestellen	49.500	Mittel
pizza lieferservice	18.100	Gering
pizza service	9.900	Gering
pizza lieferdienst	8.100	Gering
lieferdienst	14.800	Gering
pizzaservice	9.900	Gering
pizza taxi	5.400	Gering
pizza online bestellen	1.900	Mittel
lieferservice pizza	720	Gering
bringdienst	1.900	Gering
online lieferservice	480	Mittel
pizza bringdienst	1.900	Gering

Keyword-Ideen inklusive Suchvolumen

Tipp

Für einige Webmaster könnte die Information über die Verteilung der Keywörter im Verhältnis zu den jeweiligen Bundesländern Interessant sein. Hierzu müssen Sie nur links oben „Aufschlüsselung nach Standort auswählen". Außerdem können sie sich in diesem Tab auch anzeigen lassen, wie die Keywörter auf Endgeräten (Handy, Tablet-PC und Desktop) verteilt sind.

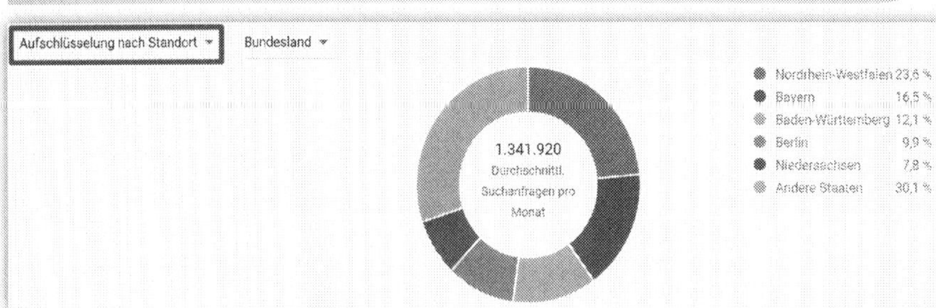

Suchvolumen: Aufschlüsselung nach Standort

2.2

WEITERE STRATEGIEN ZUR KEYWORD RECHERCHE

Webmaster, die trotz der dargestellten Methoden, Schwierigkeiten haben das perfekte Keyword zu finden, können sich die nachfolgenden alternativen Strategien aneignen.

Foren als Ideenlieferanten für Keywords nutzen

Foren stellen eine passende Gelegenheit für die Keyword Recherche dar. Auf diesen Seiten treffen Webmaster direkt auf die Fragen und Probleme ihrer Zielgruppe. Sie können erstklassige Informationen über die Schwierigkeiten der Kunden abrufen. Im Beispiel Nahrungsergänzungsmittel kaufen, tritt häufig bei den Konsumenten die Verunsicherung über die Qualität der Produkte auf. Um geeignete Foren zu finden, sollten Webmaster bei der Google Suche ihr „Keyword" + „Forum" eingeben. Diejenigen, die sich nach wie vor nicht auf ein einziges Keyword festlegen konnten, sollten diese Vorgehensweise mit unterschiedlichen Stichworten anwenden. Nach der Google-Eingabe erfolgt das Durchgehen der Foren sowie eine genauere Analyse der Fragen und Antworten der Zielgruppe zum jeweiligen Keyword. Interessante Begriffe werden dabei notiert. Danach findet ein Springen zum zweiten und dritten Schritt aus der Technik der gelungenen Keyword Recherche mit den jeweiligen Bezeichnungen statt.

Wikipedia als Vorlage für geeignete Keywords verwenden

Nicht nur Foren, sondern auch Wikipedia kann Webmaster bei der Keyword Recherche sinnvoll unterstützen. In diesem riesigen Online-Lexikon machen sich zahlreiche Personen tagtäglich die Mühe, Beiträge zu unterschiedlichen Begriffen in passende Kategorien einzuordnen. Dazu müssen Webmaster lediglich die Webseite "wikpedia.de" aufrufen und oben rechts in der Suchleiste das Stichwort, welches für sie in Frage käme, eingeben. Für die Suchmaschinenoptimierung ist das Inhaltsverzeichnis besonders interessant, da es entscheidende Ideen liefern kann.

Verwandte Suchanfragen von Google

Webmaster können hierfür beispielsweise den Begriff „Suchmaschinenoptimierung" bei Google eingeben und im Anschluss bis an das Seitenende scrollen. Dort sehen sie die „Verwandten Suchanfragen". Dank dieser Funktion können motivierte Webseitendesigner schnell und unkompliziert Mid Tail Keywords ausfindig machen, welche mit einem großen Shorttail Stichwort direkt verbunden sind und sich aus diesem Grund super als ihr Hauptkeyword eignen könnten.

Amazon als Inspiration für Keywords

Amazon fungiert ebenfalls als eine gute Keyword Recherche Hilfe. Dazu geben Webmaster ihr Stichwort in der Amazon Suche unter der Rubrik „Bücher" ein. Daraufhin erhalten sie eine lange Liste mit Fachliteratur. Manchmal reicht schon ein einziger Titel als Ideenlieferant aus. Falls dies jedoch nicht zutrifft, kann auch ein „Blick ins Buch" weiterhelfen. Das Inhaltsverzeichnis liefert wertvolle Hinweise für neue Keywords. Selbstverständlich können Webseitenbesitzer die gewählten Keywords auch in den Google Keyword Planner eingeben, um ein geeignetes Mid Tail Keyword für ihre Webseite zu entdecken.

Google Suggest – das gebührenfreie Keyword Recherche Tool

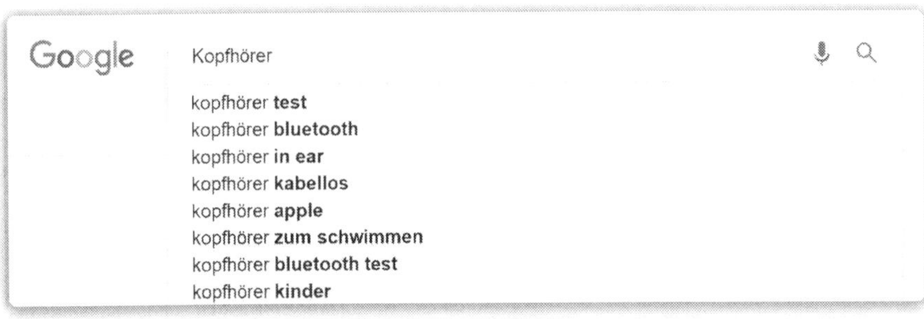

Die Suggest Funktion von Google ist jedem, dank der eigenen Suchanfragen, ein Begriff. Dabei erhalten Suchende automatisierte Vorschläge, wenn sie ein Stichwort bei Google eingeben. Dementsprechend entsteht aus einem einzelnen Stichwort ein Mid Tail Keyword. Die Frage, die hierbei entsteht, lautet, wie sich diese Funktion zu einem gebührenfreien Keyword Recherche Tool zweckentfremden lässt. Der Vorteil dieser Funktion besteht darin, dass Mid Tail Keywords, die sich einer großen Beliebtheit erfreuen, als erstes angezeigt werden. Um jedoch nicht sämtliche Keywords bei Google einzugeben, nutzen Webmaster die Suggest Funktion. Dort geben sie ihr Stichwort ein. Anschließend wählen sie das passende Land sowie die dazugehörige Sprache. Danach klicken sie auf Suggest und erhalten die besten Mid Tail Keywords.

Die Optimierung von Keywords

Das Optimieren von Keywords sollte für Webmaster eine Gewohnheit, der sie regelmäßig nachgehen, sein. Auf diese Weise stellen sie sicher, die guten Stichworte nicht zu übersehen. Für die Optimierung einer Seite auf ein passendes Keyword, lohnt sich ein wiederholtes Durcharbeiten des Kapitels der ON-Page Optimierung.

Fazit

In diesem Kapitel wurde ausführlich erläutert, welche Eigenschaften ein perfektes Keyword aufweist. Es ist eine gute Mischung aus Suchvolumen und Konkurrenz und spiegelt genau den Inhalt, welchen die Zielgruppe braucht, wider. Ferner sind die drei verschiedenen Keyword Arten kein unbekanntes Terrain mehr. Die Herausforderung besteht darin, stets das richtige Keyword für die jeweilige Seite zu wählen. Diese Vorgehensweise hilft beim Auffinden des passenden Schlüsselbegriffs. Wenn die Suchenden ihre gewünschte Information auf einer Webseite nicht finden, springen sie logischerweise zur nächsten Webseite. Doch die Keywords sind nicht der einzige Bestandteil, der für einen suchmaschinenoptimierten Text wichtig ist. Die Struktur der Seite und der Texte spielt ebenfalls eine wichtige Rolle.

2.3

BEVOR ES WEITERGEHT: QUALITÄTSRICHTLINIEN EINHALTEN!

Webmaster können bei Google aus der kostenlosen und einfachen Aufnahme ihrer Homepage einen hohen Nutzen ziehen. Des Weiteren haben sie es nicht einmal nötig, ihre Seite bei der namhaften Suchmaschine einzureichen. Das liegt an der vollautomatisierten Suchfunktion von Google, das Web-Crawler nutzt, um das Internet permanent nach Webseiten zu durchforsten, welche dem Index beigefügt werden sollen. Die Mehrheit der in Google befindlichen Seiten hat keine aktive Einreichung ihrer Webmaster genossen. Die Suchmaschine hat diese automatisch erkannt und während des Crawlings hinzugefügt. Im Netz kursieren interessante Richtlinien, die für das Erstellen einer Google-freundlichen Webseite sprechen. Dennoch liefert ein Erfüllen der Bedingungen auch keine Garantie für das Erscheinen der jeweiligen Webseite bei Google. Da sie jedoch eine hilfreiche Orientierungsfunktion vollbringen, erfolgt eine Darstellung der jeweiligen Webmaster-Richtlinien im Nachfolgenden.

Es existieren Richtlinien, die ein gutes Auffinden der Seite ermöglichen. Im Umkehrschluss sind jedoch auch unerlaubte Verfahren vorhanden, die eine endgültige Entfernung einer bestimmten Seite aus dem Google-Index verursachen. Dies trifft vor allem bei Spam-Maßnahmen zu. Solche Seiten kommen nicht in den Genuss einer Google-Anzeige. Des Weiteren werden sie von den Partnerwebseiten von Google ebenfalls geblockt.

Qualitätsrichtlinien einhalten – Erfolge sichern im ON-Page SEO

Qualitätsrichtlinien erfüllen mehrere Zwecke zugleich. Sie dienen einer Abdeckung jeglicher Form von Manipulation. Google erkennt auch anderweitige Methoden, die sich in der Praxis als irreführend erweisen. Die Suchmaschine belohnt Homepagedesigner mit einem besseren Ranking, wenn sie Webseiten, die benutzerfreundlich sind, erstellen. Spam-Webseiten sind selten in der Google-Suche auffindbar. Diejenigen, die Googles wachsamen Auge entgangen sind, fliegen dennoch früher oder später aus dem Ranking. Aus diesem Grund sollten Webmaster bei der Kreation des jeweiligen Internetauftritts, die nachfolgenden Grundregeln einhalten. Sie erstellen eine Seite für Nutzer und nicht für Google. Eine vorsätzliche Täuschung während des Optimierungsprozesses schlägt wie ein Bumerang zurück und führt schlimmstenfalls zu einer Entfernung aus dem Google-Ranking. Erfahrene Homepagedesigner wissen, wie unnötig Tricks sind, welche das Suchmaschinen-Ranking verbessern.

Ein guter Orientierungspunkt für das Kreieren einer gelungenen Webseite besteht darin, sich zu fragen, ob die genutzten Methoden einem Konkurrenzunternehmen oder einem Google-Angestellten gefallen würden, wenn sie von dem verantwortlichen Webmaster eine detaillierte Erläuterung erhielten. Weitere nützliche Fragen, die beim Erstellen von Webseiten eine Hilfe leisten können, lauten: Bietet meine Seite den Lesern ernsthafte Vorteile? Würde ich so vergehen, wenn es Google oder sonstige Suchmaschinen nicht gäbe? Die Überlegung, ob die Homepage einmalig, wertvoll sowie attraktiv zugleich ist, liefert ein hilfreiches Indiz für eine gute Webseitengestaltung. Die Seite ist dann etwas Besonderes, wenn sie sich von der Konkurrenz, welche ein ähnliches Produkt oder die gleiche Dienstleistung anbietet, abhebt.

Die nachfolgenden Ratschläge, dienen als hilfreiche Informationen, die Webmaster vermeiden sollten, um den Erfolg ihrer Seite zu steigern. Inhalte, die durch einen Automatisierungsprozess entstanden sind, gehören zu den Maßnahmen, von welchen sich Homepagedesigner fernhalten sollten. Suchrankings, welche den Nutzern keine Vorteile bieten, kann Google gnadenlos entfernen. Zu diesen gehört unter anderem ein Text, der dem Leser keinen wertvollen Mehrwert bietet, sondern lediglich aneinandergereihte Suchbegriffe enthält. Texte, welche von einem automatischen Übersetzer wie Google oder einem anderen Tool in eine andere Sprache übersetzt wurden, gehören ebenfalls zu den absoluten Knock-Out-Texten. Übersetzte Artikel müssen vor einer Veröffentlichung korrigiert und bearbeitet werden. Sie bieten einen sprachlich, grammatikalisch und inhaltlich einwandfreien Inhalt. Übersetzer, deren Leidenschaft im täglichen Umgang mit mehreren Sprachen besteht, sehen auf den ersten Blick, ob lediglich ein Tool oder ein Mensch einen Beitrag übersetzt hat. Homepages, die Berichte, welche dank einer automatischen Verschleierung entstanden sind, veröffentlichen, erreichen ebenfalls nicht den Nutzer. Formulierungen, die ihre Existenz Atom- oder RSS-Feeds zu verdanken haben, tauchen genauso wenig in den Suchergebnissen auf wie automatisierte und falsche Übersetzungen. Diejenigen, die das Urheberrecht von anderen Artikeln missachten und Webinhalte von verschiedenen Webseiten einfach zusammenfügen oder kombinieren, ohne eigene Gedanken hinzuzufügen, suchen ebenfalls nach ihren kopierten Versionen vergeblich.

Zu den weiteren Methoden, die Webmaster meiden sollten, gehört die Teilnahme an sogenannten Linktauschprogrammen. Dabei handelt es sich um Links, die das Ranking einer Homepage in den Suchmaschinen manipulieren. Google definiert Linktauschprogramme als einen Richtlinienverstoß. Die nicht erlaubten Maßnahmen setzen sich aus Verlinkungen zusammen, die entweder zu einer Webseite führen oder von dieser ausgehen. Die nachfolgende Liste dient der Veranschaulichung der Linktauschprogramme, welche einen negativen Effekt auf die Google-Suche haben. Der monetäre Austausch für spezielle Links oder Posts sowie der Tauschhandel von Waren oder Dienstleistungen für bestimmte Links gehört zu den Maßnahmen, welche erfolgreiche Webmaster meiden. Das Verschicken von gebührenfreien Produkten oder Dienstleistungen, wenn die Nutzer eine positive Rezension darüber verfassen und im Anschluss einen Link dazufügen, gehört ebenfalls zu den Vorgehensweisen, die erfolgreiche Webmaster bleiben lassen. Ein intensives Linktausch-Geschäft sowie ein gegenseitiges Verlinken von Partnerwebseiten wirken sich auch nicht positiv auf das Google-Ranking aus. Ein intensives Artikel-Marketing in einem umfangreichen Stil sowie das Posten von Kampagnen als Besucher mit gezielten Ankertextlinks, die sich zudem durch einen Keyword-Spam kennzeichnen, sind ebenfalls deplatziert. Betrüger, die sich in die ersten Ränge schummeln, greifen auf automatisierte Programme oder Dienste, um Links zu ihrer Homepage zu erstellen, zurück.

Doch diese Maßnahme ist weder bei Google noch bei anderen Suchmaschinen empfehlenswert.

Unnatürliche Links gehören auch zu den Verstößen, die Google keineswegs billigt. Sie stellen unter anderem Textanzeigen, die PageRanks wiedergeben, dar. Native Advertising, welches Artikel mit weiteren Links, die ein PageRank weitergeben, finanziert, gehört ebenso zu den unerwünschten Maßnahmen.

Texte, die über einen optimierten Ankertext mit weiteren Links verfügen, sind genauso deplatziert. Das nachfolgende Beispiel veranschaulicht diesen Sachverhalt, wobei die unterstrichenen Begriffe die unnatürlichen Links symbolisieren.

Das Angebot an Babykleidung ist gewaltig. Wenn Sie ein Baby erwarten, sind Sie auf der Suche nach einem qualitativ hochwertigen Babyausstattungsladen. Des Weiteren benötigen Sie ein Kinderbett sowie einen Kinderwagen.

Erfahrene Webmaster meiden ferner Webseitenverknüpfungen zu Verzeichnissen sowie Lesezeichen, die sich durch eine minderwertige Qualität kennzeichnen. Versteckte Links oder auch solche, zu viele Keywords enthalten, haben auf einer gut strukturierten Homepage nichts verloren. In der Praxis dominiert das Sprichwort: „Ehrlich währt am längsten." Dasselbe Prinzip können Webmaster, die mit ihrer Webseite Erfolg haben möchten, anwenden. Die beste Vorgehensweise eines Homepagedesigners besteht darin, einen anderen Webmaster zu einem Verweis zu der eigenen Seite mit interessanten Inhalten, welche die Community nutzen kann, zu bewegen. Lehrreiche Webinhalte zahlen sich in vielerlei Hinsicht aus. Links verlangen in der Regel redaktionelle Beurteilungen, die einer freiwilligen Abgabe unterliegen. In der Wirtschaft gilt das Prinzip, je nützlicher ein Produkt oder eine Dienstleistung ist, desto eher wird es von der Masse nachgefragt. Derselbe Grundsatz hat auch in der Internetwelt Gültigkeit. Je wertvoller die Webseiteninhalte sind, desto höher ist die Wahrscheinlichkeit, dass ein anderer Webseitenbetreiber seine Leser auf die Seite, die er als interessant erachtet, verlinkt.

Zu den weiteren konkreten Empfehlungen, die Unternehmen, Freelancer sowie Privatpersonen beim Erstellen ihrer Homepage meiden sollten, gehört das Kreieren von Seiten, die über eine geringe Menge an Inhalt verfügen. Cloaking gehört ebenfalls zu den Vorgehensweisen, die bei einer Webseite, welche mit einer guten Suchmaschinenoptimierung punkten soll, unerwünscht ist. Der Begriff Cloaking steht für verschiedene Inhalte und URLs von einer Webseite. Dabei handelt es sich um einen Verstoß der Richtlinien, da die Nutzer nicht dieselben Ergebnisse erhalten. Diejenigen, die Cloaking praktizieren, stellen der Suchmaschine einen HTML-Text bereit, wohingegen sie ihren Lesern eine Webseite mit Bildern oder gar Flash-Elementen anzeigen. Der Begriff hat übrigens seinen Ursprung im Englischen und stammt von dem Verb cloak, dessen Übersetzung "verhüllen" lautet. Deshalb steht Cloaking auch für Webmaster, die in ihren Texten lediglich Keywords einfügen, wenn der User-Agent eine Suchmaschine und kein echter Besucher ist. Hacker nutzen bei ihren Angriffen ebenfalls Cloaking, damit die Webseiteninhaber ihr Vorhaben nur mit Mühe entdecken.

Diese werden im Nachfolgenden detaillierter dargestellt. Des Weiteren bietet Google Webmastern nützliche Tools, um ihre Webseiteninhalte bei der namhaften Suchmaschine einzureichen und deren aktuellen Stand in der Google-Suche zu kontrollieren. Die Search Console kann auf Wunsch Berichte zu fragwürdigen Problemen, die auf der Webseite vorhanden sind, senden. Doch ehe Webmaster diesen Dienst nutzen, führen sie eine Registrierung bei der Search Console von Google durch. Der nachfolgende Fragenkatalog dient außerdem als kleine Hilfestellung bei der Kreation einer Webseite, welche anschließend bei Google erscheint.

- **Ist meine Webseite mithilfe der Google-Suche auffindbar?**
- **Sind meine Inhalte qualitativ hochwertig und können die Nutzer wirklich von diesen profitieren?**
- **Können die Suchenden aus Google meinen Unternehmensstandort herauslesen?**
- **Sind meine Inhalte schnell und unkompliziert auf den Geräten der Nutzer abrufbar?**
- **Habe ich die Sichtbarkeitseinstellungen meiner Webseite berücksichtigt?**

Sämtliche Webseitendesigner profitieren von der kostenlosen und einfachen Aufnahme ihrer Homepage bei Google. Dabei müssen sie ihre Seite nicht einmal explizit bei der namhaften Suchmaschine einreichen. Das liegt an der vollautomatischen Eigenschaft von Google. Die bereits erläuterten Web-Crawler sind dafür verantwortlich. Google fügt die Seiten somit automatisch zu den Suchergebnissen hinzu, wenn es durch das Internet crawlt. Um jedoch bei Google weit oben zu erscheinen, ist eine gute Suchmaschinenoptimierung erforderlich.

Deshalb stellt das nachfolgende Kapitel die elementaren Funktionen der Suchmaschinenoptimierung dar.

2.4

KONKURRENZBEZOGENE SEO-STRATEGIE ENTWICKELN

Das nachfolgende Sprichwort symbolisiert ausgezeichnet die Entwicklung einer konkurrenzbezogenen SEO-Strategie. Sunzi hat es bereits im Jahre 500 vor Christus auf den Punkt gebracht, als er festhielt, worauf es in einem Kampf ankommt. Auch wenn er als Berater beim Militär tätig war, lässt sich sein Wissen auch heute noch hervorragend im Hinblick auf eine erfolgreiche SEO-Strategie anwenden.

> "If you know yourself and know your enemy, in a hundred battles you will never fear the result. When you know yourself but not your enemy, your chances of winning or losing are equal. If you know neither yourself, nor your enemy, you are certain that in every battle, you will be in danger."
>
> **— Chinese Military Strategist Sunzi in 500 BC**

Eine durchdachte SEO-Strategie beachtet das Unternehmensumfeld und die Konkurrenz gleichermaßen. Sie berücksichtigt die rasante technologische Entwicklung von Suchmaschinen. Darüber hinaus nimmt eine gute Strategie die Stärken und Schwächen der eigenen Unternehmenswebseite sowie ihre Position im Vergleich zur Konkurrenz unter die Lupe. Dementsprechend spiegelt die Strategie zentrale Einstellungen sowie gewünschte Ziele wider.

Des Weiteren machen sich erfolgreiche SEO-Strategen zunächst Gedanken über ihre Branche. Dabei nutzen sie die nachfolgenden Fragestellungen als Hilfe:

Branchenanalyse:

- Wie ändert sich die Branche im Internet?
- Wie ändert sich das Verhalten der Internetnutzer innerhalb der Branche?
- Was sind die Branchen Merkmale?
- Wie hoch ist Nachfrage nach dieser Branche auf Social Media?
- Welche Firmen werden am besten gefunden und wieso?

Anschließend kann es hilfreich sein, eine SWOT-Analyse durchzuführen. Diese hilft bei der Positionsbestimmung und der Strategie-Planung.Der Begriff SWOT stammt aus dem Englischen und steht für eine Analyse der Stärken (strength), Schwächen (weaknesses), Chancen (opportunities) und Risiken (threats). Die SWOT-Analyse hat sich in der Praxis als ein nützliches Instrument im Hinblick auf die Planung einer gelungenen Strategie erwiesen. Deshalb findet sie auch in der Suchmaschinenoptimierung Anwendung.

So sieht eine beispielhafte SWOT-Analyse aus.

SWOT-Analyse

Stärken

- Domain existiert schon länger als ein Jahr
- die Seite erhält einen regelmäßigen Traffic
- ferner ist die Seite in Verbindung mit einigen Keywörtern bereits gut auffindbar

Schwächen

- Konkurrenten werden bei relevanten Keywörtern oberhalb der jeweiligen Webseite angezeigt.
- Pagespeed ist nicht gut
- Spamscore ist hoch
- Absprungrate ist hoch
- Konversationsrate ist niedrig

Chancen

- Neue Vertriebskanäle nutzen
- Mehr Kunden durch die organische Suche gewinnen
- Markenbekanntheit steigern
- Bei relevanten Keywörtern auf Platz 1 in Google stehen

Risiken

- Eintritt neuer Konkurrenten in den Markt
- Neuere SEO-Techniken von den Konkurrenten
- Mitbewerber möchten Marktanteile über Social Media gewinnen.
- Webseite hat schlechte Backlinks und ist durch ein kommendes Google Update gefährdet.

Die Strategie sollte auf den vorhandenen Stärken aufbauen und die analysierten Schwächen beheben. Falls diese jedoch nicht behebbar sind, ist ein Überwinden notwendig. Darüber hinaus nutzt die SWOT-Analyse die erkannten Chancen und minimiert zugleich die analysierten Risiken. In diesem Beispiel wird auf dem regelmäßige Traffic, welchen der Kunde auf seiner Webseite nacheinander generiert, aufgebaut. Dazu kommt eine mit Bedacht gewählte Content Marketing Strategie zum Einsatz. Mit sehr hochwertigen Backlinks wird die Domain Authority erhöht. Da die Konversationsrate niedrig ist, erfolgt die

Installation einer Heatmap (Tool zur Visualsierung von Nutzerinteraktionen auf der Webseite). Auf diese Weise fokussieren sich Webmaster auf den Grund der Tatsache. Darauf basierend findet ein A/B Test statt. Mit dieser Vorgehensweise kann in jedem Fall die Konversationsrate drastisch gesteigert werden. Da der Spamscore der jeweiligen Domain hoch ist, wird ein Backlinkremoval durchgeführt, während zeitgleich der Aufbau hochwertiger Links stattfindet. Des Weiteren wird der Pagespeed desgleichen durch technische Anpassungen erhöht. Am wichtigsten ist es herauszufinden, warum sich die anderen Unternehmen auf Platz 1 befinden. Welche Strategie wenden sie an? In den nachfolgenden Kapiteln lernen interessierte Webmaster all die Fähigkeiten, die sie brauchen, um solch eine Strategie umzusetzen.

2.5

ON-PAGE SEO-MAẞNAHMEN

ON-Page SEO beinhaltet wichtige Maßnahmen, welche den Erfolg sowie das Erscheinen einer Webseite in den organischen Suchergebnissen um ein Vielfaches verbessern. Eine erfolgreiche Suchmaschinenoptimierung enthält jedoch mehrere Schritte, die bei einer korrekten Ausführung auch zu einem messbaren Erfolg führen. Deshalb sollten sich Webseitenbetreiber mit Operatoren sämtlicher ON-Page SEO Maßnahmen vertraut machen. Zu diesen gehört unter anderem das Einhalten von wichtigen Qualitätsrichtlinien, eine deutliche Darstellung der Seiteninhalte oder auch das Verwenden von aussagekräftigen Titeln. Somit widmet sich das nachfolgende Kapitel ausführlich allen erforderlichen ON-Page SEO-Maßnahmen, die Webdesignern ein erfolgreiches Ranking ermöglichen.

Bevor Administratoren mit der Arbeit loslegen, sollten sie einen Account auf search.google.com erstellen und anschließend ihre Webseite verifizieren. Dieses Tool wird sich im Laufe des Kapitels als ein hilfreiches Werkzeug erweisen.

Google bei der Anzeige der gesuchten Inhalte unterstützen

Webseiten Administratoren überprüfen zuerst selbst, ob sie ihre eigene Seite bei Google finden. Darin besteht übrigens der erste Schritt für eine erfolgreiche Indexierung. Für diesen Vorgang empfehlen Experten das Einreichen einer Sitemap. Diese fungiert als Datei, die sich auf der Webseite befindet, um Suchmaschinen über neu hinzugekommene oder geänderte Seiten der bestehenden Webseite zu informieren. Um eine Sitemap zu erstellen gibt es zahlreiche kostenlose Online-Tools. Doch was ist eine Sitemap?

Bei einer Sitemap handelt es sich um eine Datei, in welcher die einzelnen Seiten einer Webseite aufgelistet sind. Auf diese Weise erhält sowohl Google als auch jede andere Suchmaschine Informationen über die Struktur der Webseite. Darüber hinaus liest der Google Bot diese Inhalte und kann aufgrund der zur Verfügung gestellten Informationen die Seite intelligenter crawlen. Deshalb spielen Sitemaps eine wichtige Rolle bei der Indexierung einer Homepage. Bei Seiten, die über eine geringe Anzahl von Unterseiten verfügen, haben die Google Bots keine Probleme, diese zu crawlen, wohingegen bei ausführlichen Webseiten die Gefahr besteht, dass die Crawler wichtige Inhalte oder Unterseiten übersehen. Das passiert des Öfteren bei umfangreichen Seiten wie Online-Shops oder Verlagshäusern, da diese zahlreichen Unterseiten haben. Crawler übersehen wichtige Inhalte auch dann, wenn die Seiten untereinander nicht gut verlinkt sind. Neue Webseiten, die über eine geringe Anzahl extern eingehender Links verfügen, weisen ebenfalls dieses Problem auf.

Es existieren zwei Arten von Sitemaps. Sie bestehen aus einer HTML- sowie einer XML-Sitemap. Die Namen der Sitemaps gehen auf ihr gespeichertes Dateiformat zurück. HTML-Sitemaps fungieren als Orientierung für diejenigen, welche die Seite besuchen. Diese Variante funktioniert analog zu einem

Inhaltsverzeichnis. Die XML-Sitemap wiederum enthält Informationen über die einzelnen URLs sowie die Daten der letzten Aktualisierungen. Neben diesen zwei Arten existieren noch Bilder-, Video-, News- sowie Mobile-Sitemaps. Mittlerweile verfügt die Mehrheit der CMS-Systeme über unkomplizierte Sitemap-Funktionen, weshalb sich das Erstellen einer solchen Seite in der Praxis als einfach erwiesen hat. Um Suchmaschinen über die Existenz einer Sitemap in Kenntnis zu setzen, sollte die robots.txt-Datei einen Hinweis über deren Vorhandensein enthalten.

Graphische Darstellung einer Sitemap

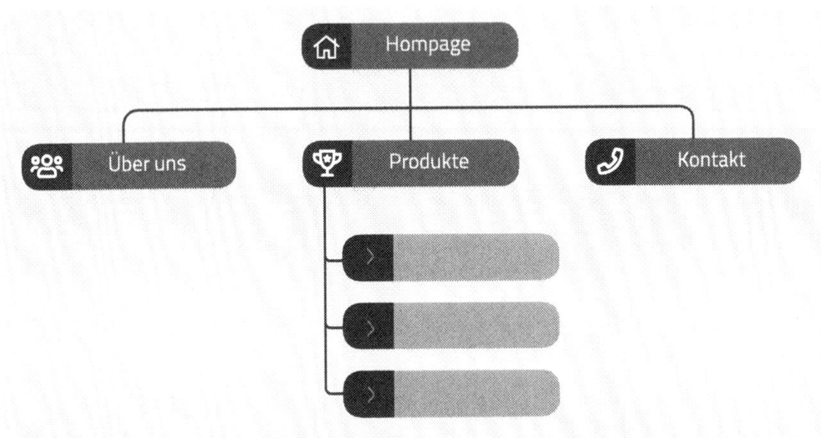

Aufbau einer Sitemap

Nutzer können die Sitemap über Ihren Google Search Console Account einreichen. Dazu laden sie zuerst die Sitemap auf Ihren Server hoch und öffnen anschließend in der Google Search Console den Reiter „Sitemaps". Danach geben sie den Pfad zu der Datei an.

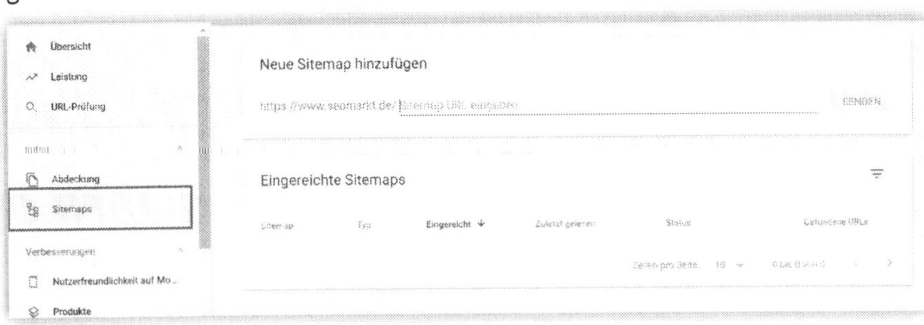

Die Seite „Sitemaps" in der Google Search Console

Robots.txt - Google verdeutlichen, welche Seiten es nicht crawlen soll

Es existiert eine Datei namens robots.txt. Sie informiert Suchmaschinen darüber, wo sie auf bestimmte Teile einer Webseite zugreifen und diese crawlen sollen. Webmaster verleihen dieser Datei einen Platz im Stammverzeichnis ihrer Homepage. Dennoch besteht die Möglichkeit, weiterhin Seiten, die sich in dieser Dabei befinden, zu crawlen. Deshalb sollten Webmaster auf eine zuverlässige Vorgehensweise zurückgreifen. Der Grund weshalb manche Seiten nicht in Google erscheinen sollen, liegt in ihrem geringen Nutzen für die jeweiligen Leser. Dies gilt insbesondere für Subseiten (Unterseiten). Diese sollten sich in der robots.txt-Dabei befinden. Es existieren jedoch weitere Möglichkeiten, die einem unerwünschten Crawling effektiv entgegenwirken können. Webmaster sollten diese unbedingt anwenden, da sie logischerweise auf ein positives Feedback ihrer Webseite erpicht sind. Webdesigner, die diese Kleinigkeit vernachlässigen, müssen mit negativen Reaktionen im Hinblick auf ihre Webseite rechnen, wenn sie Google nicht klar machen, welche Seiten es nicht crawlen soll. Der Google Crawler erfährt ansonsten eine automatische Weiterleitung auf eine andere Seite. Das bedeutet, dass der Crawler auf eine Seite umgeleitet wird, welche Webseitendesigner in der Regel nicht in Google indexiert haben möchten.

Nutzer reagieren empört, wenn sie in den Suchergebnissen eine Seite finden, welche nicht für sie bestimmt ist wie eine halbfertige Landingpage. Gute Webmaster verbieten Google das Crawling dieser Seiten zugunsten Ihrer Nutzer. Auch das Erlauben von URLs, die Webseitendesigner aufgrund von zu crawlenden Proxy-Diensten erstellt haben, gehören zu den unerwünschten Seiten und Unterseiten einer gut strukturierten Webseite. Webmaster müssen aus diesem Grund auf zuverlässige Methoden zurückgreifen, um vertrauliche Informationen preiszugeben oder zu verwenden. Daraus geht hervor, wie ungeeignet und ineffektiv die „robots.txt-Datei" für das Blockieren von vertraulichem Material ist. Das liegt daran, dass die Datei Crawlern, die auf ein bestimmtes Verhalten reagieren, lediglich anzeigt, dass die jeweiligen Seiten nicht für sie kreiert wurden. Der Server kann die Seiten dennoch an einen Browser schicken. Suchmaschinen haben die Möglichkeit auch auf die vom Webmaster blockierten URLs zurückzugreifen, wenn im Internet Verlinkungen existieren. Verweis-Protokolle, die diese Links enthalten liefern den besten Beweis dafür. Suchmaschinen zeigen dann einfach die URL ohne Titel und Snippet. Nicht konforme oder gar nicht erlaubte Suchmaschinen berücksichtigen die Anweisungen der robots.txt-Datei keineswegs. Zudem erkennen sie die standardisierte Exklusion der Robots-Datei nicht. Wissbegierige

Nutzer sind dazu in der Lage, selbst Verzeichnisse sowie Unterverzeichnisse von robots.txt-Dateien aufzurufen. Aus diesem Grund empfehlen Experten die Nutzung des Tags mit dem Namen „noindex", wenn die jeweilige Unterseite auf keinen Fall bei der Google-Suche erscheinen soll, zu versehen. Wenn es sich jedoch um eine Seite handelt, die hohe Sicherheitsmaßnahmen erfordert, sollten Webmaster auf hochwertige Autorisierungs-Methoden zurückgreifen wie beispielsweise ein Passwort verwenden oder die Seite vollständig entfernen bzw. auf Privat stellen.

Um eine robots.txt zu erstellen, greifen Webmaster auf zahlreiche kostenlose Tools zurück. Anschließend testen sie die Datei mit dem robots.txt-Tester von Google und reichen sie direkt ein.

Der robots.txt-Tester aus der Google Search Console

Seiteninhalte für Google und Nutzer gleichermaßen verständlich darstellen

Gute Webmaster stellen ihre Seite gleichermaßen für Nutzer und Google dar. Wenn ein Google Bot die Seite crawlt, zeigt diese ihm dieselbe Oberfläche wie einem Nutzer an. Deshalb ermöglichen Webseitenadministratoren dem Google Bot für ein bestmögliches Rendern (vorausberechnen) und Indexieren den Zugriff auf ihre genutzten JavaScript-, CSS- sowie Bilddateien. Blockiert hingegen die robots.txt-Datei der jeweiligen Homepage das Crawlen der genannten Informationen, folgt eine Beeinträchtigung der Algorithmen während des Renderns und Indexierens der Webseite. Webmaster nehmen deshalb in diesem Fall suboptimale Rankings hin. Aus diesem Grund lohnt sich das Befolgen der nachfolgenden Ratschläge.

Die Nutzung eines URL-Prüftools hat sich in der Praxis als hilfreich erwiesen. Dieses bietet den Webmastern die Anzeige der Webinhalte, die auch das Google Bot zu sehen bekommt. Das Werkzeug kann ferner auftretende Schwierigkeiten, welche sich mit der Indexierung der Webseite ergeben, ermitteln und gleichermaßen beheben.

Ein eindeutiges und korrektes Erstellen der Seitentitel steigert den Erfolg einer suchmaschinenoptimierten Seite nachhaltig. Für diesen Vorgang ist jedoch die Nutzung von sogenannten <title>-Tags unverzichtbar. Sie vermitteln sowohl Suchmaschinen als auch den Nutzern ein bestimmtes Thema. Ihr Platz ist definitiv innerhalb des <head>-Elements der jeweiligen Seite. Deshalb erstellen Webmaster für die Haupt- und Unterseiten gleichermaßen einen anschaulichen Titel. Das nachfolgende Abbild veranschaulicht die empfohlene Vorgehensweise.

```
<html>
<head>
<title>BMW Autohaus – Gebraucht- und Neuwagen kaufen</title>
<meta name="description" content="Das BMW Autohaus hält ein breites Angebot
an Gebraucht- und Neuwagen zum Verkauf. Des Weiteren ermöglicht es den Käufern
zahlreiche Finanzierungsmöglichkeiten." >
</head>
<body>
```

Aussagekräftige Titel und Snippets sind für einwandfreie Suchergebnisse unabdingbar

Auf der Suchergebnisseite erscheinen in der ersten Zeile des Öfteren die Inhalte der Titeltags. Ein gut strukturierter Seitentitel enthält die Überschrift der Startseite sowie den Namen der Webseite oder des Unternehmens. Des Weiteren erhalten Nutzer bedeutende Informationen wie den Unternehmensstandort und die angebotenen Produkte oder Dienstleistungen.

Es lohnt sich einen natürlichen Titel, der die Themeninhalte reflektiert, zu wählen. Des Weiteren sollten Webmaster streng darauf achten, keine Überschrift auszusuchen, die in keinerlei Beziehung zum Seiteninhalt steht. Experten empfehlen die Verwendung von unspezifischen Überschriften wie „unbenannt“, „divers“ oder „neue Seite“ zu meiden und aussagekräftige Titel zu verwenden. Jede einzelne Seite benötigt einen Titel. Google ist auf die unterschiedlichen Titelnamen angewiesen, um die Unterschiede der jeweiligen Seiten herauszulesen. Zahlreiche Unternehmen kreieren mittlerweile auch spezielle Webseiten für mobile Geräte. Aus diesem Grund müssen sie ebenso für die mobilen Varianten ihrer Homepage aussagekräftige Titel wählen. Für eine erfolgreiche Suchmaschinenoptimierung sollten sich die Überschriften aller Seiten einer Website unterscheiden. Es lohnt sich das Prinzip: „Kurz und aussagekräftig“ im Hinblick auf die Titel der Seiten zu befolgen. Ferner erzielen Webmaster bedeutende Vorteile, wenn sie die Überschriften mit einem gewissen Informationsgehalt versehen. Lange Titel haben sich in der Praxis nicht bewährt. Google zeigt bei diesen nur Bruchteile an oder präsentiert dem Nutzer lediglich einen automatisch generierten Teil eines Titels. Google behält sich vor in Abhängigkeit von der getätigten Suchanfrage sowie der Gerätewahl unterschiedliche Titel anzuzeigen. Ein weiteres Tabu für einen erfolgreichen Titel liegt in der Verwendung von viel zu langen Title-Tags mit nutzlosen Keywords.

Die Bedeutung des HTML-Snippets mit der Meta-Tag „description (HILFREICH?)“

Meta-Tag „descriptions“ fassen die auf einer Seite behandelte Thematik für Google und weitere Suchmaschinen zusammen. Ein Seitentitel beinhaltet entweder einige Begriffe oder lediglich einen einzigen Ausdruck. Das „description“-Meta-Tag einer Seite wiederum kann über einen oder zwei Sätze oder auch ganze Absätze verfügen. Das Meta-Tag „description“ ist wie das title-Tag innerhalb des head-Elements befindlich.

```
<html>
<head>
<title>BMW Autohaus München – Neuwagen, Gebrauchtwagen kaufen</title>
<meta name="description="content="BMW Autohaus München enthält eine Vielzahl an
Neu- und Gebrauchtwagen der Automarke BMW. Ferner bietet es seinen Kunden attrak-
tive Finanzierungsmöglichkeiten.">
Bild von Metadescription einfügen
</head>
<body>
```

Die unterschätzten Vorzüge der „description“-Meta-Tags

Meta-Tags namens „description“ sind von großer Bedeutung, da Google diese bei Bedarf als Snippet nutzt. Google verwendet jedoch auch relevante Abschnitte eines Textes, um die Suchanfrage der Nutzer abzugleichen. Aus diesem Grund lohnt sich das Hinzufügen von „description“-Meta-Tags bei den einzelnen Seiten. Dies ist insbesondere dann erforderlich, wenn die Suchmaschine keine hochwertige Textauswahl zur Anzeige im Snippet findet.

Ein weiterer Geheimtipp liegt in der korrekten Zusammenfassung von Seiteninhalten. Webmaster halten sich bei der Verfassung ihrer „description"-Meta-Tags stets den Aspekt des Informationsnutzens vor Augen. Für die Länge des Textes existiert zwar keine Richtlinie, doch SEO-Experten empfehlen eine Textlänge, welche Suchmaschinen komplett anzeigen. Außerdem sollten sie mit sämtlichen relevanten Informationen punkten. Anhand dieser entscheiden die Nutzer, ob die jeweilige Seite für sie überhaupt interessant und nützlich ist. Deshalb sollten Webmaster keine Meta-Tags benutzen, die keinen Bezug zu ihrer Seite aufweisen. Allgemeine Beschreibungen wie „Dies ist eine Homepage" oder „Seite zum Autoverkauf" sind absolut deplatziert und schneiden im Google Ranking nicht gut ab. Auch Beschreibungen, die lediglich Keywords beinhalten, gehören zu den schlechten Versionen der „description"-Meta-Tags. Anfänger kopieren den kompletten Seiteninhalt in ihren „description"-Meta-Tag. Diese Vorgehensweise liefert weder der Suchmaschine noch den Nutzern wertvolle Informationen, da sie einfach zu lang ist. Deshalb lohnt sich eine eindeutige Beschreibung zu jeder einzelnen Seite. Diese Methode hilft Nutzern, die verschiedenen Seiten innerhalb einer Domain abzurufen. Dies gilt insbesondere bei Suchen mit dem Site-Operator.

Webseiten von großen Unternehmen haben jedoch zahlreiche weitere Seiten. Deshalb können sie nicht jede Seite manuell mit „description"-Meta-Tags beschriften. Bei einer hohen Anzahl von Seiten greifen Webmaster auf eine automatische Generierung der „description"-Meta-Tags der jeweiligen Seiteninhalte zurück. Ein Aspekt, den Webdesigner meiden, liegt im Verwenden derselben „description"-Meta-Tags.

Die Meta-Beschreibung fließt jedoch nicht direkt in das Ranking als Faktor mit ein, jedoch veranlassen gute Meta-Descriptions die Nutzer dazu, diese anzuklicken und somit zu einer Erhöhung der Konversionsrate beizutragen.

Überschriften-Tags betonen einen wichtigen Text

In Word-Dokumenten existieren spezielle Überschriftenformate. Diese heben einen wichtigen Text hervor und vermitteln dem Leser, worum es in dem Text geht. Dasselbe gilt für die Überschrift-Tags bei der Suchmaschinenoptimierung. Worte, die zu dieser Kategorie gehören, erscheinen ein wenig auffälliger und größer als der herkömmliche Seitentext. Diese Hervorhebung verdeutlicht den Lesern die Bedeutung der wiedergegebenen Information. Webmaster können einzelne abgestufte Größen für ihre Überschriften wählen, um auf diese Weise eine Hierarchiestruktur zu schaffen. Diese Vorgehensweise ermöglicht den Nutzern ein unkompliziertes Zurechtfinden im jeweiligen Dokument. Autoren können sich vor Augen führen, eine Gliederung zu schreiben. Dazu sollten sie die Inhalte sowie die dazugehörigen Haupt- und Unterüberschriften ihrer Seite eingehend betrachten. So können sie feststellen, wo sich die Nutzung von Überschrift-Tags lohnt. Es existieren jedoch auch Punkte, die Webmaster vermeiden sollten, um den Erfolg ihrer Webseite im Hinblick auf die Suchmaschinenoptimierung zu sichern. Dazu gehört unter anderem die Platzierung von Begriffen in Überschrift-Tags, welche die Auslegung der jeweiligen Seitenstruktur nicht klar definieren. Außerdem müssen Webmaster wissen, an welchen Stellen sie Überschrift-Tags verwenden sollen. Unterschiedliche Überschrift-Tag-Größen gehören desgleichen zu den deplatzierten Formatierungen. Ferner sollte die Anzahl der Überschriften auf einer Seite überschaubar sein. Zu viele Titel erschlagen die Nutzer und liefern ihnen keine relevanten Informationen darüber, was wirklich wichtig ist. Ferner können sie bei einer zu hohen Menge an Überschrift-Tags nicht erkennen, an welcher Stelle der Beginn und das Ende des jeweiligen Themengebiets ist. Die Faustregel, dass lange Überschriften keinen sinnvollen Inhalt liefern, gilt seit jeher. Sie lässt sich auch wunderbar im Hinblick auf die Suchmaschinenoptimierung anwenden. Des Weiteren müssen Überschrift-Tags auch einen Sinn ergeben. Die Verwendung von Überschriften, um den Wert der Gestaltung eines Textes zu erhöhen, ist nicht empfehlenswert.

Verwaltung der Darstellung der Google-Suchergebnisse

Webdesigner, die eine ordentliche und gut strukturierte Darstellung ihrer Daten praktizieren, profitieren von zahlreichen Sonderfunktionen in den Suchergebnissen. Zu diesen gehören Sternebewertungen sowie ausgefallene dargestellte Ergebnisse. Da diese bei der Suchmaschinenoptimierung eine unverzichtbare Rolle einnehmen, widmet sich dieses Buch einem ganzen Kapitel der Gestaltung der außerordentlich dargestellten Ergebnisse. Suchmaschinen sind auf den Inhalt einer Webseite angewiesen, um diesen zu crawlen und zu indexieren. Deshalb benötigen sie auch eine eindeutige URL. Das nachfolgende Beispiel dient der Veranschaulichung einer URL:

```
https://hostname/pfad/datei?abfragestring#fragment
https://www.beispiel.com/Stiefeletten/Damen.htm?groesse=7#info
```

Google empfiehlt Webdesignern für sämtliche Webseiten die Bezeichnung HTTPS (https://) zu nutzen. Der im Anschluss folgende Hostname repräsentiert den Ort, an welchem die Homepage gehostet wird. In der Regel nutzen Webmaster hierfür denselben Namen, den sie auch bei ihren E-Mails verwenden. Außerdem müssen Autoren von Webseiten wissen, dass Google zwischen Seiten, welche die Abkürzung www. beinhalten und zwischen solchen, die frei von dieser Bezeichnung sind, differenziert. Personen, die sich für die Nutzung der Search Console entschieden haben, sollten sämtliche Varianten einbringen. Zu diesen gehört eine Seite mit der Kennzeichnung http://, https://, www. sowie eine Version ohne die Abkürzung www. Die weiteren drei Elemente wie Pfad, Datei sowie der Abfragestring legen fest, auf welchen Inhalt des jeweiligen Servers ein Zugriff stattfinden darf. Ferner spielt bei diesen drei Bestandteilen die Groß- und Kleinschreibung eine bedeutende Rolle. Der Ausdruck „DATEI" würde nicht dasselbe Ergebnis liefern wie die Kleinschreibung „Datei". Beim Hostnamen und Protokoll hingegen erfolgt keine Unterscheidung zwischen der gewählten Schreibweise. Der letzte Teil der URL, das Fragment, welches im obigen Beispiel durch das Wort „Info" wiedergegeben wird, zeigt an, zu welcher Stelle der jeweiligen Webseite der Browser scrollt. In der Regel umgehen Suchmaschinen die benutzten Fragmente aufgrund des identischen Inhalts. Nachstehende Schrägstriche, die sich direkt hinter dem Hostnamen befinden, stellen lediglich eine Wahlmöglichkeit dar, da sie zum selben Content führen. Die beiden Adressen https://beispiel.com/ sowie https://beispiel.com sind demzufolge identisch.

Handelt es sich hingegen um einen Dateinamen oder einen Pfad, würde der nachstehende Schrägstrich den Hinweis auf eine URL, die entweder eine andere Datei oder ein anderweitiges Verzeichnis enthält, hindeuten. Aus diesem Grund ist https://beispiel.com/damenschuhe nicht gleichzusetzen mit https://beispiel.com/damenschuhe/.

Webseitendesigner sollten auf einfache URLs zurückgreifen, um ihren Lesern Informationen zu vermitteln. Benutzerfreundliche URLs erhöhen die Wahrscheinlichkeit, dass auch andere Webseitenbetreiber auf die Inhalte verlinken. Lange URLs mit einer geringen Anzahl von erkennbaren Wörtern schrecken die Besucher ab. Die unten dargestellten Beispiele verdeutlichen den Unterschied zwischen einer einfachen und einer unglücklich gewählten URL.

> https://www.schmuck-online.com/folder3/27021984/x3/15048025.html
> https://www.schmuck-online.com/article/ten-rarest-earrings.html

URLs spielen bei der Erstellung von suchmaschinenoptimierten Texten eine bedeutende Rolle, da sie bei den Suchergebnissen unterhalb des Dokumententitels erscheinen. Google crawlt sämtliche Arten der URL-

Strukturen, unabhängig von deren Komplexität. Dennoch empfehlen Experten eine einfache Darstellung der URLs. Deshalb punkten URLs mit Begriffen, die sowohl für den Content als auch für die Struktur der jeweiligen Homepage von Bedeutung sind. Sie vereinfachen die Navigation auf der Webseite. Aus diesem Grund sind lange URLs, die unnötige Parameter oder gar Sitzungs-IDs beinhalten deplatziert. Allgemeine Seitennamen wie „seite.html" haben sich in der Praxis nicht bewährt. Eine exzessive Nutzung von Keywords wie „schmuck-online-bestellen-onlineschmuck.html" ist genauso fehl am Platz wie komplizierte URLs.

Der Kunde ist König – diese Regel gilt insbesondere bei suchmaschinenoptimierten Texten

Texter, die suchmaschinenoptimierte Artikel verfassen, beachten einige Grundregeln, um mit ihrer Webseite eine hohe Ranking-Position zu erzielen. Dementsprechend müssen sich Webmaster in die Lage ihrer Leser hineinversetzen und sich fragen, nach welchen Begriffen die Nutzer suchen. Wenn sie die informativen Begriffe ausfindig gemacht haben, verknüpfen sie diese sinnvoll mit den Seiteninhalten einer Homepage, damit die Nutzer bei ihrer Suchanfrage auf die jeweilige Seite stoßen. Dabei unterscheiden sie zwischen Personen, die sich mit dem jeweiligen Thema gut auskennen und solchen, die noch wenig über das verfasste Themengebiet wissen. Die beiden Gruppen suchen in der Regel nicht nach denselben Keywords. Erfahrene Fußballfans würden definitiv nach dem Begriff FIFA, was für Fédération Internationale de Football Association steht, suchen. Junge Fußballfans hingegen würden eher eine Suchanfrage mit den Begriffen Fußball Finale tätigen. Autoren, die sich über diese Unterschiede im Klaren sind, können ideale Texte für eine breite Zielgruppe verfassen. Mit dieser Vorgehensweise können sie sich anschließend über zahlreiche Suchergebnisse freuen. Google AdWords verfügt über einen cleveren Keyword-Planer, der die Arbeit um ein Vielfaches erleichtert. Dank ihm können Autoren neue Keyword-Versionen finden und das eventuelle Suchvolumen des jeweiligen Keywords genauer inspizieren. Im vorherigen Kapitel wurde ausführlich über die Funktionsweise und die Vorteile des Keyword Planners berichtet. Des Weiteren zeigt die Google Search Console die beliebtesten Suchanfragen, bei welchen die jeweilige Seite erscheint, an. Ferner veranschaulicht sie im Leistungsbericht die Suchanfragen, dank derer die Mehrzahl der User auf die jeweilige Homepage gelangt ist.

In der freien Wirtschaft können Unternehmen, die eine Marktlücke ausfindig machen, lange Zeit bestehen bleiben. Dasselbe gilt für suchmaschinenoptimierte Texte. Diejenigen, die einen neuartigen Service, der auf keiner anderen Webseite zu finden ist, bieten, erzielen komparative Konkurrenzvorteile. Das Verfassen eines gut recherchierten Berichts oder Niederschreiben einer einzigartigen Story verleiht einem suchmaschinenoptimierten Text definitiv Pluspunkte. Dabei können die Autoren gegenüber der fehlenden Erfahrung oder den nicht vorhandenen Ressourcen ihrer Konkurrenz punkten. Somit besteht das Verfassen eines suchmaschinenoptimierten Textes nicht nur in einer guten Keyword-Nutzung, sondern auch im Auffinden von Themen, die den Nutzer einen hohen Mehrwert liefern, aber im Internet noch nicht präsent sind. Autoren, die regelmäßig Texte produzieren, wissen, dass diese für Leser verständlich und nachvollziehbar sein müssen. Diese beiden Bedingungen gelten auch für SEO-Texte. Unprofessionelle Artikel mit Rechtschreib- und Grammatikfehlern schrecken nicht nur die Leser ab, sondern schaden auch dem Image des Unternehmens. Sprachliche und syntaktische Fehler sind absolut tabu, da sie der jeweiligen Unternehmensseite keinen seriösen Touch verleihen. Suchmaschinenoptimierte Texte müssen nach Perfektion streben, da sie die angebotenen Produkte, Dienstleistungen sowie das Unternehmen nach außen repräsentieren. In der heutigen stark vernetzten Welt stellen Online-Texte oft den ersten Kontakt zwischen einem Kunden und der jeweiligen Organisation her. Deshalb sind auch peinliche sowie schlecht dargestellte Inhalte unerwünscht.

Gute Texte bestechen mit einer klaren Gliederung und informativen Zwischenüberschriften. Erfahrene Autoren meiden ein nutzloses Kopieren von bereits vorhandenen Inhalten. Webdesigner produzieren am besten gute Texte, wenn sie sich stets vor Augen halten, diese an erster Stelle für ihre Leser optimal zu gestalten. Dennoch handelt es sich bei suchmaschinenoptimierten Artikeln um Texte, die auch darauf abzielen von den Suchmaschinen gefunden und als sinnvoll erachtet zu werden. Die Art des Inhalts, welche die Seite zu bieten hat, ist jedoch für Google irrelevant. Texte über Produkte, Dienstleistungen, Pressemitteilungen oder Content-Marketing-Inhalte müssen so verfasst sein, dass eine Suchmaschine diese mühelos verstehen kann. Nur so ist sie in der Lage, die Seite in den Rankings weit oben zu platzieren. Das liegt daran, dass SEO-Texte mit den Keywords eine Symbiose eingehen und praktisch ohne einander nicht existieren können. SEO-Texte, die keine Keywords enthalten, gehören nicht zu der Gruppe suchmaschinenoptimierter Text. Leider glaubt aus diesem Grund immer noch eine Minderheit von Autoren, dass sie Texte mit ihren Keywords spammen muss, um einen suchmaschinenoptimierten Artikel zu liefern. Deshalb erzielen Verfasser, die den Begriff Keyword Dichte verstehen, höhere Erfolge mit ihren Texten als ihre Konkurrenten, die ein Keyword-Spamming betreiben.

Keyword Density lautet die englische Bezeichnung für den Begriff Keyword Dichte. Diese steht für die relative Auffassung, Texte mit einer Keyword Dichte, die bei fünf Prozent liegt, zu verfassen. Die genannte Vorgehensweise liefert keine sinnvollen Inhalte. Deshalb kam im Jahre 2012 die WDF*IDF Formel ins Leben. Diese dient der Berechnung, wie sich ein bestimmter Text im Vergleich zu den Konkurrenz-Texten verhält. Dabei berücksichtigt die Formel die Keyword Dichte und sucht nach weiteren Schlüsselbegriffen, die laut der Formel in den verfassten Text gehören. Termslabs.io sowie Content Succes lauten die Namen der Tools, welche bei der Nutzung der WDF-Formel den Autoren unter die Arme greifen. Die WDF*IDF-Analyse hilft den Autoren dabei, bedeutende Worte für ihren SEO-Text ausfindig zu machen. Das Tool hilft Unternehmen beim Erzielen von komparativen Konkurrenzvorteilen und Setzen eines Alleinstellungsmerkmals. Clevere Autoren von Webseiteninhalten filtern auf diese Weise Keywords heraus, die beispielsweise in einem Text zum Thema „Nahrungsergänzungsmittel" relativ oft vorkommen, jedoch nicht in sämtlichen Web-Texten vertreten sind. Das Bindewort „oder" kommt sehr oft in Artikeln zum Thema Nahrungsergänzungsmittel vor, aber eben auch in sämtlichen Texten der Konkurrenz. Begriffe wie „gesundheitsschädlich", „preiswert" und „effizient" kommen sinngemäß lediglich in einer einzigen Darstellung, die über Nahrungsergänzungsmittel berichtet, vor.

In der Regel nutzen Autoren das WDF*IDF-Tool, zur Recherche von sinnvollen Schlagwörtern. Eine gute Keyword-Rate liegt in der Verwendung dieser Begriffe in jedem Abschnitt eines Textes und sofern es der Kontext zulässt auch in den Überschriften. Wortgewandte Texter greifen auf Synonyme zurück, um ihre Artikel aufzulockern. Sie verzichten jedoch bewusst auf eine zwanghafte und häufige Nutzung der Schlagwörter. Außerdem achten gute Texter auf die grammatikalischen Anpassungen. Des Weiteren scheuen sie sich nicht vor einer Verwendung von notwendigen Füllwörtern oder Präpositionen, da ein ansprechender Schreibstil mit einer hohen Nutzerfreundlichkeit immer noch im Vordergrund steht.

Aufbau eines sinnvollen SEO-Textes

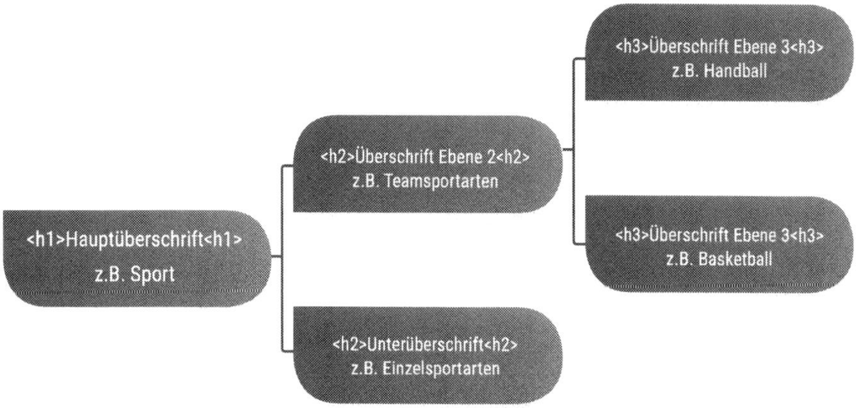

Überschriftenstruktur eines SEO-Textes

Sinnvolle SEO-Texte ermöglichen ihren Lesern ein schnelles Überfliegen des Inhalts, aus welchem sie sämtliche wichtige Informationen herauslesen können. Überschriften repräsentieren den Kerninhalt eines Absatzes. Dennoch dominiert die Textart.

Produktbeschreibungen, Erfahrungsberichte, Pressemitteilungen sowie eine Unternehmensgeschichte unterliegen nicht demselben Schreibstil, obwohl sie einige Gemeinsamkeiten beinhalten. Dazu gehört unter anderem der Aufbau einer logischen Überschriftenstruktur. Die Hauptüberschrift ist mit dem HTML-Code h1 versehen. Anschließend folgen weitere Überschriften mit der Auszeichnung h2. Für den Fall, dass innerhalb dieses Abschnitts weitere Überschriften notwendig sind, müssen diese via h3 ausgezeichnet werden. Überschriften spielen eine wichtige Rolle bei gut optimierten SEO-Texten. Sie verhelfen sowohl den Usern als auch den Suchmaschinen zu einem zügigen Einordnen des dargestellten Inhalts zu einem Themengebiet. Aus diesem Grund enthalten suchmaschinenoptimierte Texte auch in ihren Überschriften sinnvoll eingebettete Schlagwörter. Experten raten jedoch bei der Wahl zwischen einer Überschrift, die ein Keyword enthält und einem sinnvollen Titel der Keyword-frei ist, lieber die zweite Variante zu wählen.

Optimal strukturierte Texte bestehen aus mehreren Absätzen. Sie erleichtern damit die Lesbarkeit des Artikels um ein Vielfaches. Sprungmarken gehören zu den weiteren notwendigen Elementen, die ein suchmaschinenoptimierter Text enthält. Diese äußern sich in Form von ausklappbaren Darstellungen. Sie erfreuen sich einer großen Beliebtheit unter den Lesern, da sie ihnen dennoch einen perfekten Überblick über den Content liefern. Ferner ermöglichen sie den Nutzern eine wesentlich schnellere Navigation über die Webseite. Mobile User sind auf diese Eigenschaft angewiesen. Allerdings sollten die wesentlichen Inhalte auf dem Desktop nicht verborgen bleiben.

Schriftarten sollten von alltäglichen Browsern präsentiert werden können. Außerdem sollte die gewählte Schriftart für den User leicht lesbar sein. Zahlreiche Autoren wissen nicht, welche Länge ihr Text aufweisen soll. Die Faustregel: Ein guter Text sollte so lang wie nötig, jedoch so kurz wie möglich sein. Die Konkurrenz kann dabei als eine hilfreiche Orientierung dienen. Ausdehnungen mit unnötigen Füllwörtern schrecken die Nutzer ab. Qualität hat vor Quantität im Hinblick auf die Länge eines SEO-Textes definitiv Vorrang. Die nachfolgenden fünf Grundregeln können Texter als eine Orientierung für das Verfassen eines suchmaschinenoptimierten Textes nutzen.

1 Festlegen der Zielgruppe und konstruieren eines strukturierten Inhalts

Die Definition der Zielgruppe, die Texter mit ihren Formulierungen erreichen möchten, hat Priorität. Somit stellt die Frage nach der gewünschten Zielgruppe den Anfang eines guten SEO-Textes dar. Ein Blick auf die Aktionen der Konkurrenz kann ebenfalls hilfreiche Informationen liefern. Journalisten verfolgen das W-Fragen-Prinzip ehe sie eine Pressemitteilung verfassen. Autoren, die erfolgreiche suchmaschinenoptimierte Formulierungen niederschreiben möchten, können sich diese Technik ebenfalls aneignen. Die erste Frage lautet dabei: Wer spielt die Hauptrolle in meinem SEO-Text? Das können Produkte, Dienstleistungen oder auch Personen sein. Zweitens spielt die Antwort auf die Frage nach dem was eine wichtige Rolle. Dabei geht es darum, was das jeweilige Produkt oder die Dienstleistung bietet. An dritter Stelle folgt die Frage nach dem Ort. Hier beantworten die Autoren, wo Leser das Angebot erwerben können. Handelt es sich jedoch um einen Bericht über Personen oder ein Ereignis, gehen die Verfasser ebenfalls auf den Ort des Geschehens ein. Außerdem wollen die Leser wissen, wann sie ihr gewünschtes Objekt erwerben können. Deshalb lassen

gewissenhafte Texter die Frage nach dem Zeitpunkt nicht weg. Die Klärung nach der Art wie etwas funktioniert oder ein bestimmtes Ereignis sich abgespielt hat, gehört ebenso in einen suchmaschinenoptimierten Text. Auch die Frage nach dem warum das Produkt einen Zusatznutzen bietet, lassen Verfasser nicht außer Acht. Dasselbe gilt für Pressemitteilungen. Die Leser möchten über den Grund eines Ereignisses informiert werden. Für den Fall, dass dieser nicht bekannt sein sollte, freuen sich die Abonnenten auch über Spekulationen. Im Internetzeitalter spielt die Herkunft der Information eine wichtige Rolle. Deshalb verweisen erfahrene und gute Texter stets auf ihre Quellen. Diejenigen, die sich an die erwähnten Regeln halten, leisten einen großen Beitrag zum Gelingen eines einwandfreien suchmaschinenoptimierten Textes.

Gute Texte bestechen mit ihren einzigartigen Inhalten und dasselbe gilt für suchmaschinenoptimierte Formulierungen. Zahlreiche Autoren missverstehen jedoch diese Herausforderungen und versuchen das Rad, neu zu erfinden. Dabei reicht es lediglich, den persönlichen Unique-Selling-Point (USP, zu Deutsch Verkaufsversprechen) hochzuhalten. Darüber hinaus sollten die damit verbundenen Auskünfte umfangreicher als die der Konkurrenz präsentiert werden. Die Copy-and-Paste-Vorgehensweise ist definitiv nicht wünschenswert. Stattdessen punkten Texte, die von Authentizität geprägt sind. Zwar konzentrieren sich Autoren stets auf ihre Zielgruppe, achten jedoch darauf, die anderen potenziellen Leser nicht auszugliedern. Suchmaschinenoptimierte Texte beinhalten in der Regel keine regionalen Dialekte, da die Bewohner außerhalb der jeweiligen Region mit Verständnisproblemen zu kämpfen hätten.

Diejenigen, die sich mit dem Thema Duplicate Content befasst haben, wissen sehr wohl, weshalb Unikate wichtig sind. Da ein duplizierter Content die Erfolgsquote erheblich mindert, wird dieses Thema an dieser Stelle ausführlich behandelt. Es soll als Schutz vor dem Verfassen eines bereits ähnlichen Inhaltes schützen. Beim duplizierten Content handelt es sich um einen Webseiteninhalt, der so oder so ähnlich bereits im Internet vorhanden ist. In der Regel steckt hinter diesem keine Täuschungsabsicht dahinter. Zu einem duplizierten Content, der jedoch nicht absichtlich getätigt wurde, gehören Diskussionsforen, die reguläre und verkürzte Seiten auf mobilen Endgeräten erzeugen. Auch Lagerartikel, die über zahlreiche greifbare URLs referenziert werden, gehören in die Rubrik der unwissentlich duplizierten Inhalte. Zahlreiche Nutzer wissen auch nicht, dass Druckversionen von Webseiten ebenfalls zu einem Duplikat gehören.

Enthält eine Domain mehrere Seiten, die sich durch einen identischen Inhalt auszeichnen, können Webmaster unterschiedliche Methoden nutzen, um Google ihre präferierte URL mitzuteilen. Kanonisierung lautet der Fachbegriff für diese Vorgehensweise. Hin und wieder produzieren Texter absichtlich Content, der auf unterschiedlichen Webseiten anschließend dupliziert wird. Sie verfolgen auf diese Weise das Ziel, das Ranking bei den Suchmaschinen zu verbessern. Solche Methoden kommen bei den Usern nie gut an. Sie ärgern sich über Suchergebnisse, die ihnen denselben Inhalt bieten. Aus diesem Grund zielt Google darauf ab, Seiten mit verschiedenen Informationsinhalten zu präsentieren. Eine passende Filterung sorgt dafür, dass beim Vorhandensein einer normalen und einer Druckversion, lediglich eine Seite angezeigt wird. Bei Fällen, in denen Google von einer absichtlichen Täuschungsabsicht ausgeht, erfolgt eine Index- und Ranking-Korrektur der entsprechenden Webseite. Webmaster müssen anschließend mit einer niedrigeren Einstufung ihrer Webseite rechnen. Schlimmstenfalls erfolgt eine Entfernung aus dem Google-Index. Wenn dies zutrifft, erscheint die Seite nicht mehr in den Suchergebnissen. Aus den genannten Gründen lohnt sich das Erstellen von Unikaten. Zahlreiche Aktivitäten können beim Vermeiden von Duplikaten helfen.

- Erfahrene Webmaster setzen auf Domains der obersten Ebene. So kann Google die richtige Variante eines Dokuments zur Verfügung stellen, um den gewünschten landesspezifischen Content zu produzieren. Eine Webseite wie im vorangegangenen Beispiel www.moebelurl.de steht für landesspezifischen Content für Deutschland. Die Domain www.moedelurl.com/de oder de.moebelur.com ist hingegen nicht so eindeutig wie das erste Beispiel.
- Sorgfältiges Unifizieren des Contents verhindert das Entstehen von Duplikaten. Administratoren müssen dafür sorgen, dass Google dieselbe Version wie die Seitenbetreiber als bevorzugt betrachtet. Aus diesem Grund sollten sämtliche Webseiten, auf welchen der Content vereinheitlicht wird, einen Link zum Ursprungsartikel beinhalten.
- Die Search Console kann als hilfreiches Tool bei dem Mitteilen der Wünsche im Hinblick auf die Indizierung der Website genutzt werden. Google erhält dabei Informationen über die bevorzugte Domain. Im obigen Beispiel wäre das http://www.moebelurl.de oder http://moebelurl.de.
- Minimieren von wiederholten Textabschnitten gehört ebenfalls zu den Vermeidungsstrategien von lästigen Duplikaten. Es lohnt sich nicht am Ende jeder Unterseite auf lange Urheberrechte hinzuweisen. Stattdessen

genügt eine knappe Zusammenfassung mit einem integrierten Link, der detaillierte Informationen zu dieser Thematik enthält.

- Platzhalter wirken sich beim Produzieren eines unikaten Contents negativ aus. Seitenbesucher empfinden leere Seiten als lästig. Deshalb veröffentlichen schlaue Webmaster keine Seiten, für die sie noch keinen geeigneten Content produziert haben. Diejenigen, die nicht ohne die Platzhalter-Seiten arbeiten können, sollten die Indexierung dieser leeren Seiten mithilfe des Meta-Tags „noindex" tunlichst vermeiden.
- Sorgfältige Analysen der verwendeten Content-Management-Systeme gehören zu den weiteren Aspekten, die effektiv Duplikaten entgegenwirken. Es lohnt sich zu kontrollieren, wie der Content auf der Webseite präsentiert wird. Foren, Blogs und weitere ähnliche Systeme zeigen des Öfteren denselben Inhalt in unterschiedlichen Formaten an. Einzelne Blogbeiträge können zum einen auf der Startseite eines Blogs und zum anderen auf einer Webseite mit andersartigen Einträgen erscheinen.
- Eine Minimierung eines ähnlichen Contents gehört zu den sicheren Vorgehensweisen, die beim Vermeiden von Duplikaten helfen. Reisebüros, die über zwei Webseiten zu einer Stadt verfügen, sollten diese zusammenfassen und zu einer einzigen Seite ausbauen.

Experten empfehlen außerdem das Blockieren des Crawler-Zugriffs auf Duplikate mithilfe der robots.txt-Datei. Suchmaschinen können nicht feststellen, ob Webseiten denselben Inhalt präsentieren, wenn sie diese nicht crawlen. Sie behandeln diese als separate Seiten, obwohl dies nicht zutrifft. Aus diesem Grund empfehlen Webseiteninhaber, den Suchmaschinen das Crawlen der jeweiligen URLs zu erlauben, diese jedoch mithilfe des Link-Elements rel="canonical", des URL-Parameter-Tools oder über die 301-Weiterleitungen als doppelt zu markieren. Wenn Google einen mächtigen Abschnitt der Webseite crawlt, können die Webmaster bei der Search Console die Einstellungen namens „Crawling-Frequenz" anpassen.

- Doppelter Content bedeutet jedoch nicht, dass Webmaster aufgrund dessen mit Strafmaßnahmen rechnen müssen, es sei denn sie haben diesen wissentlich produziert, um die Nutzer und die Suchergebnisse zu manipulieren.
- Falls Google bei seinen Kontrollen feststellt, dass ein geplanter Täuschungsversuch getätigt wurde und aus diesem Grund die Seite in den Ergebnissen nicht anzeigt, können Webseitenbetreiber in den

ausführlichen Richtlinien für Webmaster nachlesen, wie sie vorgehen sollen, um den doppelten Content in ein Unikat zu verwandeln. Nach einer erfolgreichen Überarbeitung und Sicherstellung, dass die Anforderungen erfüllt wurden, können Webmaster einen Antrag mit der Bitte um eine erneute Kontrolle ihrer Webseite senden.

- In einzelnen Ausnahmefällen sucht der Algorithmus die Domain einer externen Homepage aus, auf welcher der Content ohne das Einverständnis der Webmaster gehostet wird. Diejenigen, die von einer Verletzung des Urheberrechtsgesetzes ausgehen, können mit dem Host der jeweiligen Seite Kontakt aufnehmen sowie ein Entfernen des Contents verlangen. Des Weiteren sollten sie eine Beseitigung der Webseite, welche die Urheberrechte verletzt, aus den Suchmaschinenergebnissen in Google beantragen. Diese sollte dem US-amerikanischen Urheberrechtsgesetz entsprechen.

2 Keywords mit Bedacht auswählen und sparsam nutzen

Das Thema Keywords wurde bereits erläutert. Der nachfolgende Leitfaden dient einer professionellen ON-Page Optimierung. Webmaster, welche diese Regeln berücksichtigen, profitieren von einem höheren Ranking ihrer Webseite. Die Agentur SEO-Markt GmbH hat diese Vorgehensweise in der Praxis angewendet und somit ihren Kunden zu einem höheren Erfolg ihrer Webseite verholfen.

Leitfaden zur professionellen Onpage Optimierung (Konkurrenzbezogen)

Ohne eine gute ON-Page Optimierung können Webmaster davon ausgehen weder bei Google noch bei anderen Suchmaschinen gefunden zu werden. Dieser Leitfaden liefert wertvolle Tipps und Tricks, wie jedermann seine Webseite in die Top-Position sämtlicher Suchmaschinen katapultieren kann. Darüber hinaus werden auch Optimierungsmaßnahmen wie eine gute Bildbeschriftung erläutert, da diese wichtig für eine gute Position beim Ranking sind, aber in der Praxis immer noch unterschätzt werden. Diejenigen, welche die nachfolgenden Ratschläge umsetzen, sind ihrer Konkurrenz definitiv einen weiten Schritt voraus. Zu einer erfolgreichen ON-Page Optimierung gehört auch eine gelungene URL, auf diese wird im nachfolgenden ebenfalls eingegangen.

1 Permalink

Gute Webmaster achten auf einen optimalen Permalink. Der ist eine Zusammensetzung aus den Begriffen permanent und Hyperlink. Somit handelt es sich dabei um einen dauerhaften Link, der im

Internet präsent ist. Permalinks dienen als wichtige Werkzeuge in der Suchmaschinenoptimierung. In der Praxis haben sich Sprach-URLs als benutzer- und suchmaschinenfreundlich gleichermaßen erwiesen. Allerdings sollten Webmaster jedoch darauf achten, einen Permalink zu wählen, der so kurz wie möglich ist. Außerdem wäre es von Vorteil, wenn er das Keyword enthält, da die Regel "Je näher das Keyword an der Hauptdomain steht, desto relevanter wird es gewertet" gilt.

www.hundefutter.com/permalink ist ein Beispiel für einen Permalink, den Sie auf Ihre Webseite anwenden können.

2 Title Tag / meta Title bzw. Page Title

Der Title Tag, dessen deutsche Übersetzung Webseitentitel lautet, gehört zu den weit über 500 Rankingfaktoren von Google. Aus diesem Grund verdient er eine besonders hohe Beachtung. Er dient als Überschrift der eigenen Seite in den Suchergebnissen.

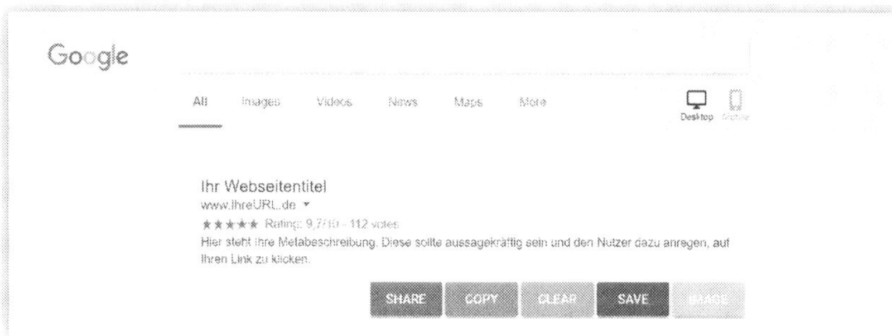

Vorschau der Metadaten

Webmaster sollten jedoch die Information, dass dieser die Länge von 70 Zeichen nicht überschreiten soll, stets im Hinterkopf behalten. Ferner sollten sie nicht vergessen, dass der Title-Tag eine Hauptrolle bei einer sorgfältigen ON-Page Optimierung spielt. Wenn Webdesigner diesen vernachlässigen, können sie davon ausgehen, von Ihrer Konkurrenz besiegt zu werden. Title-Tags stellen in Kombination mit der Meta-Description die ersten Berührungspunkte der Nutzer und der jeweiligen Webseite dar. Wenn sie diese beiden Komponenten sorgfältig aufeinander abstimmen, können sie zum einen ihre Klickrate deutlich steigern, zum anderen gewinnen sie mit dieser Vorgehensweise mehr Besucher in der organischen Suche. Bei der Erstellung Ihres Titels sollten Webmaster die nachfolgenden vier Stichpunkte beachten:

- Ohne Leerzeichen beläuft sich die Länge des Titels auf maximal 70 Zeichen
- Gute Titel bieten den Nutzer einen Mehrwert und animieren diese, Ihre Webseite zu besuchen.
- Jede einzelne URL verfügt über einen Titel.
- Ferner befindet sich das Hauptkeyword im Titel, sofern möglich sogar gleich am Anfang.

Das Beispiel "Kleider für Damen online kaufen Otto" enthält lediglich 31 Zeichen und bietet dem Nutzer sämtliche Informationen. Fazit Ferner ist die Nennung des Marken- oder Domainnamens im Title eine gute Strategie, die sich in der Praxis als erfolgreich erwiesen hat. Deshalb handelt es sich hier um einen perfekten Titel.

3 Meta Description

Wenn die Suchmaschinen keine gute Textauswahl zur Anzeige in einem Snippet findet, lohnt sich das Hinzufügen von "description"-Meta-Tags. Diese punkten mit ihrem zusätzlichen Informationsnutzen. Laut Experten sollte der Text so lang sein, dass er vollständig angezeigt wird. Denn die Nutzer entscheiden anhand dieser Texte, ob sie den Artikel lesen möchten. Dabei handelt es sich um eine kurze Beschreibung der jeweiligen Seite. Auch wenn die Meta-Beschreibung nicht direkt in das Ranking einfließt, veranlasst sie dennoch die Nutzer des Öfteren diese anzuklicken. Erfahrene Autoren werfen einen Blick auf die Konkurrenz und orientieren sich an deren Meta-Beschreibungen. Dabei versuchen sie die Schwachstellen ihrer Wettbewerber zu beseitigen und somit die Konkurrenz von der Top-Position bei Google zu stürzen. Aus diesem Grund sollten Webmaster die "Meta-Beschreibung" mit Bedacht wählen und die erwähnten Ratschläge berücksichtigen.

Webmaster können auf den kostenlosen SERP-Snippet-Generator zurückgreifen, um Ihren Titel zu optimieren. Dank ihm können sie auch die Meta-Description durchführen. Ein Beispiel für ein Tool ist: serpsim.com

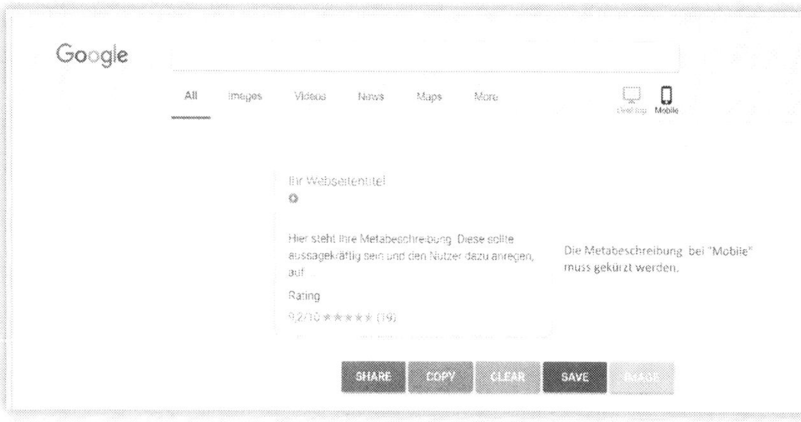

orschau der Metadaten auf Mobilgeräten

❹ Überschriften (Heading Tags): (inklusive Einbindung von Keywords)

Überschriften nehmen bei der Struktur der Dokumente eine wichtige Rolle ein. Sie verlangen eine logische sowie hierarchische Nutzung. Da in der heutigen schnelllebigen Welt, Zeit ein knappes Gut ist, überfliegt die Mehrzahl der Leser einen Text. Außerdem orientiert sich ein Großteil an den Überschriften und entscheidet dann, ob der Text brauchbar ist oder nicht. Auf diese Weise schätzen User den Inhalt besser ein. Der clevere Google Bot geht auf dieselbe Weise vor. Bei einer hierarchischen Abbildung von Überschriften existiert lediglich eine einzige Hauptüberschrift. Das nachfolgende Beispiel dient der Veranschaulichung.

```
<h1>Überschrift, welche das Hauptthema des Dokuments beinhaltet</h1>
<h2>Einleitung des Textes</h2>
<h2>Nachteile </h2>
<h3>Ein Nachteil im Detail betrachtet</h3>
<h2>Fazit</h2>
```

Autoren sollten darauf achten, das relevante Keyword in die Überschriften einzubauen. Webmaster sollten stets die Information im Hinterkopf behalten, dass die Überschrift eines Artikels auch als Seitentitel des jeweiligen Dokuments fungiert. Viele Nutzer haben Schwierigkeiten, die passende Überschrift zu finden, da sie in SEO-Titeln denken, anstatt sich in die Lage ihrer Leser zu versetzen. Experten empfehlen Autoren, die nachfolgenden fünf Punkte bei der Findung einer geeigneten Überschrift zu berücksichtigen.

1. Eine gute Überschrift ist kurz und prägnant und besteht aus fünf oder weniger Begriffen.
2. Sie bietet dem Leser einen hohen Informationsgehalt.
3. Außerdem macht das Keyword den Anfang einer gelungenen Überschrift.
4. Die Überschrift ist verständlich und der Leser weiß, worum es in dem Artikel geht, ohne den kompletten Text gelesen zu haben.
5. die Erwartungen der Leser.
   Im Hinblick auf die Findung einer gelungenen Überschrift ist ein Vergleich mit der Konkurrenz empfehlenswert.

❺ Texte/ Content

Gute suchmaschinenoptimierte Texte sind ein Muss für eine erfolgreiche ON-Page Optimierung. Dabei können die Regeln der Journalisten eine große Abhilfe schaffen. Die bereits erläuterten sieben W-Fragen dienen als wertvoller Leitfaden im Hinblick auf eine gelungene Texterstellung. Ein weiterer wichtiger Aspekt, der nicht zu vernachlässigen ist, liegt im Kreieren eines Unique Contents. Ferner sind suchmaschinenoptimierte Texte so geschrieben, dass sich sowohl die Zielgruppe als auch diejenigen, die nicht dazu gehören, abgeholt fühlen. Darüber hinaus sollten sich die Texte durch eine kontinuierliche Aktualität auszeichnen. Diejenigen, die sich nicht darüber im Klaren sind, wie lang ihr Artikel sein soll, können einen Blick auf die Konkurrenz werfen und somit den idealen Wordcount ermitteln (Competitive Intelligence). Experten empfehlen auf jeden Fall einen Vergleich mit den Top-Ten-Seiten der Konkurrenz.

❻ Bilder und ALT-Attribute

Ein ALT-Attribut steht für die Beschreibung eines Textes. Dabei symbolisiert das Kürzel "ALT" den Begriff Alternative. Bilddateien, die sich auf Webseiten befinden, enthalten das ALT-Attribut. Für den Fall, dass das jeweilige Bild nicht angezeigt werden kann, erscheint stattdessen der ALT-Text. Dank dieses Attributs können Suchmaschinen den Bildinhalt besser erkennen. Deshalb lohnt sich die Datenpflege dieses Attributs. Insbesondere sehbehinderte Nutzer profitieren von diesem Attribut, da sie sich den Text vorlesen lassen. In der Praxis sieht ein ALT-Attribut folgendermaßen aus:

```
<img src="verzeichnis/abbildung.jpg" alt=„Das ist eine informative
Bildbeschreibung">
```

Webmaster können sich an diesem Beispiel orientieren, um ihre Bilder insbesondere für sehbehinderte Personen zu beschriften. Diesen Schritt sollten sie auf jeden Fall durchführen, denn in der Praxis existieren immer noch zahlreiche Gründe, weshalb Bilder nicht angezeigt werden. Das liegt unter anderem an defekten Bilddateien oder an fehlerhaften Links. Auch der aktivierte Trackingschutz zahlreicher Browser verhindert des Öfteren ein korrektes Anzeigen eines Bildes. Der Browser namens Mozilla bietet seinen Usern die Möglichkeit, bewusst die Anzeige von Bildern auszublenden. Darüber hinaus sind auch defekte URLs schuld daran, wenn eine Grafik oder ein Bild nicht angezeigt wird. Die Ursache dafür liegt im Umbenennen oder Verschieben des jeweiligen Servers. Der Grund, weshalb sich dieser Abschnitt des Kapitels den ALT-Attributen widmet, liegt an deren Bedeutung für die User und die Suchmaschinenoptimierung. ALT-Tags liefern Suchmaschinen wichtige Informationen zum Bildinhalt sowie zum gesamten Content der Webseite. Aus diesem Grund müssen Webmaster ihre ALT-Tags optimieren. Ferner sollten Sie auch das Haupt Keyword in Ihrem ALT-Tag hinterlegen. Dadurch verbessern sie erheblich den Fokus des jeweiligen Keywords. Webdesigner sollten jedoch ein Spamming des Schlüsselbegriffs dennoch tunlichst vermeiden. Ferner sollten sie sich darüber im Klaren sein, mit den Keywords in den ALT-Tags, ihre Position im Ranking zu verbessern. Aus diesem Grund gehört die Optimierung der ALT-Attribute zu einem ganzheitlichen SEO. Das nachfolgende Beispiel verdeutlicht diesen Sachverhalt und kann ebenfalls als Anleitung fungieren.

Ein Betreiber eines informativen Blogs über Hunde verwendet ein besonders Bild eines Vierbeiners in seinem Beitrag. In diesem Beispielfall lautet die URL der Seite: meinhund.de/hunde-mit-kurzem-fell. Dementsprechend müsste die Einbindung des Bildes folgendermaßen lauten:

```
<img src="/hunde-mit-kurzem-fell.jpg" alt=„Junger Rottweiler Welpe
schwarz mit sehr kurzem und schwarzem Fell">
```

Wenn Webmaster auf eine Zusammenarbeit des Dateinamens mit dem Keyword achten, können sie den Inhalt der jeweiligen URL stärken. Dennoch sollten Texter im Rahmen von einer Optimierung der Bilder auf die Größe der jeweiligen Datei Rücksicht nehmen. Das liegt an der hohen Bedeutung für die Ladezeit und die Performance der jeweiligen Webseite.

7 Interne Verlinkungen

Interne Verlinkungen nehmen einen wichtigen Platz beim Ranking im Google Algorithmus ein. Außerdem sind sie das Geheimnis großer Erfolge. Sie zeichnen sich durch zahlreiche nennenswerte Vorteile aus. Im Hinblick auf die Anzahl, Platzierung und Gestaltung der jeweiligen Linktexte können Webmaster vorgehen wie sie möchten. Allerdings sollten sie die Information zur Kenntnis nehmen, dass Links, die häufig angeklickt werden zu den guten Varianten gehören. In der Regel sind das Links, welche:

- sich im Bereich des Contents befinden
- die zu Beginn eines Textes zu finden sind
- von den Nutzern als Link erkannt werden. Sie sind entweder farblich hervorgehoben oder unterstrichen.
- sich durch einen direkten Zusammenhang mit dem jeweiligen Text auszeichnen
- auf einer Seite platziert sind, die sich einer hohen Anzahl von Besuchern erfreut
- mit einer geringen Anzahl von anderen Links konkurrieren.

8 Pagespeed

Das Thema Pagespeed wird im nächsten Kapitel ausführlich behandelt.

2.6

PAGESPEED – DER WICHTIGSTE FAKTOR?

Page Speed steht für die Dauer der Geschwindigkeit, die notwendig ist, um den Inhalt einer Seite zu laden. Zahlreiche Nutzer verwechseln jedoch die beiden Begriffe Page Speed und Site Speed. Die korrekte Übersetzung für Page Speed lautet Seitengeschwindigkeit. Experten definieren diese entweder als „Seitenladezeit" oder als „Zeit bis zum ersten Byte". Die Erstere steht als „Zeit bis zum kompletten Präsentieren eines ausgewählten Seiteninhalts", die Letztere hingegen für die „Dauer bis der Browser das erste Byte empfängt". Webmaster werten ihre Seitengeschwindigkeit mithilfe des Google PageSpeed Insights. Der Speed Score des erwähnten PageSpeed Insights beinhaltet wertvolle Daten aus dem Chrome User Experience Report (CruX). Außerdem enthält er noch weitere Berichte zu zwei bedeutenden Geschwindigkeitsmetriken. Sie setzen sich aus dem First Contentful Paint (FCP) sowie dem DOMContentLoaded (DCL) zusammen.

PageSpeed Insights: https://developers.google.com/speed/pagespeed/insights/

Vorschläge für eine gelungene Suchmaschinenoptimierung in Kombination mit dem Page Speed

Google nutzt die Seitengeschwindigkeit als Signal für die Bewertung des jeweiligen Seitenalgorithmus. Analysen haben bewiesen, dass Google offenbar die Zeit bis zum ersten Byte exakt misst, wenn eine Berücksichtigung der Seitengeschwindigkeit erfolgt. Dementsprechend hat eine langsame Website-Geschwindigkeit negative Folgen für den Webseitenbetreiber. Suchmaschinen können deshalb mit ihrem zugewiesenen "Durchforstungsbudget" deutlich weniger Seiten crawlen. Damit geht jedoch eine negative Beeinflussung der Indexierung einher. Die Seitengeschwindigkeit spielt jedoch nicht nur für Google, sondern auch für die Benutzererfahrung eine bedeutende Rolle. In der heutigen schnelllebigen Welt ist Schnelligkeit ein wichtiges Attribut, welches Webseitenbetreiber bei der Suchmaschinenoptimierung einkalkulieren müssen, um sich gegen die Konkurrenz durchzusetzen. Denn in der Regel erwarten Nutzer innerhalb von drei Sekunden einen vollständig geladenen Inhalt. Sie gehen auch bei einer schlechten Mobilfunkverbindung von einer rapiden Ladezeit aus. Ferner bezieht Google auch die Ladezeit einer Seite in das Seitenranking mit ein. Webseiten, die sich durch eine lange Ladezeit auszeichnen, nehmen auch hohe Absprungraten sowie eine kurze Verweildauer ihrer Seitenbesucher hin. Ferner wirken sich längere Ladezeiten negativ auf Konvertierungen aus. Um der hohen Absprungrate sowie einer kurzen Verweildauer entgegenzuwirken, haben Experten wertvolle Ratschläge formuliert, die Webseitenbetreibern bei der Steigerung ihrer Seitengeschwindigkeit helfen. Diese werden im Nachfolgenden erläutert.

Ehe Webmaster mit der Arbeit beginnen, sollten sie zunächst die nachfolgende Seite **https://developers.google.com/speed/pagespeed/insights/** öffnen und im Anschluss darauf ihre eigene Webseite analysieren. Google präsentiert daraufhin Tipps und Anleitungen, wie eine Verbesserung der Webseitengeschwindigkeit vollzogen werden kann.

1. **Komprimierung aktivieren**

   Gzip hat sich als hilfreiche Softwareanwendung im Hinblick auf die Dateikomprimierung bewährt. Sie kann die Größe der CSS-, HTML- sowie JavaScript-Dateien reduzieren, wenn diese die 150-Byte-Größe übertreffen. Gzip eignet sich jedoch nicht für die Komprimierung von Bilddateien. Hierfür benötigen die Seitenbetreiber Photoshop, was jedoch kostenpflichtig ist.

2. **CSS, JavaScript und HTML reduzieren**

   Experten raten Webseitenbetreibern, ihren Code zu optimieren, da sie mit dieser Maßnahme ihre Seitengeschwindigkeit um ein Vielfaches steigern können. Es lohnt sich, Leerzeichen, Kommata sowie weitere unnötige Zeichen zu entfernen. Codekommentare, Formatierungen sowie ein unbenutzter Code sind ebenfalls unnötig und verlängern die Seitengeschwindigkeit. Aus diesem Grund empfiehlt Google die Nutzung von CSSNano und UdlifyJS.

3. **Die Anzahl der Weiterleitungen minimieren**

   Weiterleitungen sind zwar ein beliebtes Element, welche Webdesigner nutzen, um ihren Besuchern, den kompletten Inhalt nahezubringen, doch sie erfordern auch einen zusätzlichen Zeitaufwand. Wenn Nutzer auf eine weitere Seite geleitet werden, müssen sie auf den Abschluss des HTTP-Request-Response-Zyklus.

4. **Entfernen des JavaScripts**

   Um eine Seite rendern zu können, müssen Browser einen DOM-Baum mithilfe einer HTML-Analyse erstellen. Wenn ein Browser zum Zeitpunkt dieses Prozesses auf ein Skript stößt, muss dieses abgebremst sowie ausgeführt werden, ehe eine Fortsetzung stattfinden kann. Dementsprechend empfiehlt Google das Blockieren des JavaScripts zu minimieren und falls es möglich sein sollte, gänzlich zu meiden.

5. **Browser Caching nutzen**

   Browser verfügen über die Fähigkeit, zahlreiche Informationen wie Stylesheets, Bilder oder JavaScript-Dateien zu speichern, damit sie die Seite nicht erneut laden müssen, wenn ein Nutzer zu ihrer Seite ein weiteres Mal zurückkehrt. Aus diesem Grund lohnt sich das Verwenden des Tools namens YSlow. Damit können Webdesigner überprüfen, ob für deren Cache ein Ablaufdatum feststeht.

❻ Die Antwortzeit des Servers verbessern

Die Antwortzeit eines Servers ist von mehreren Faktoren abhängig. Zu diesen gehört die Anzahl des Datenverkehrs, den die Nutzer empfangen, die Ressourcen, auf welche die Seite zurückgreift, die vo Server genutzte Software sowie die Hosting-Lösung. Um die Antwortzeit des Servers zu optimieren, lohnt sich ein Beheben von Störungen. Zu diesen zählen langsame Datenbankabfragen, ein schleppendes Routing oder ein mangelnder Arbeitsspeicher. Die beste Antwortzeit des Servers liegt unter 200 Millisekunden.

❼ Ein Netzwerk zur Verteilung des Inhalts nutzen

Content Distribution Networks (CDNs) oder auch Content Delivery Networks lautet die englische Bezeichnung für Netzwerke von Servern, die Inhalte verteilen. In der Regel erfolgt eine Speicherung von Kopien einer Webseite in lokal verschiedenen Rechenzentren. Dementsprechend können Nutzer schneller und sicherer auf die Zielseite zugreifen.

❽ Bilder optimieren

Webmaster sollten streng auf eine passende Bildoptimierung achten, da sich diese stark auf die Seitengeschwindigkeit auswirkt. Sie sollten deshalb die passende Größe aufweisen. PNG-Dateiformate eignen sich eher für Grafiken, deren Farbanzahl unter 16 liegt. Wohingegen das JPEG-Format für die Darstellung von Fotos gewählt werden sollte. Gute Bilder sind auch für das Web komprimiert. Aus diesem Grund lohnt sich das Verwenden von CSS-Sprites, um gute Bildvorlagen zu kreieren. Dies ist insbesondere für Bilder, die des Öfteren auf der Webseite auftauchen, empfehlenswert. Schaltflächen sowie Symbole zeichnen sich durch ein häufiges Auftreten auf der Webseite aus. CSS-Sprites ist eine clevere Lösung, da sie die gewählten Bilder in einem großen Bild kombinieren. Die Ladung erfolgt dabei gleichzeitig. Dementsprechend ist eine geringere Anzahl von HTTP-Anforderungen notwendig. Außerdem findet lediglich eine Anzeige der benötigten Abschnitte statt. Dies ist eine schlaue Art, um Ladezeit zu sparen, damit Nutzer nicht auf das Laden zahlreicher Bilder warten müssen.

Mobile First Indexierung und ihre Bedeutung für die Nutzer von Smartphones

Da die Anzahl der Smartphone-Nutzer kontinuierlich steigt, verzeichnet auch die Google-Suche einen höheren Anstieg auf den Mobilgeräten. Dennoch ermitteln die Ranking-Systeme nach wie vor die Relevanz der Seiten mithilfe der Desktop-Versionen. Dies verursacht jedoch Schwierigkeiten, weil die mobilen Seitenversionen über eine geringere Inhaltsmenge verfügen als die herkömmlichen Varianten der Homepages. Aus diesem Grund sind die Algorithmen auch nicht zu 100 Prozent in der Lage, die Seiten zu analysieren, welche die Nutzer der mobilen Geräte tatsächlich sehen. Um diese Lücke zu schließen, haben Suchmaschinenexperten mit Prüfungen für die zielgerichtete Umstellung auf einen sogenannten Mobile First-Index begonnen. Dabei handelt es sich um einen Index, welchen mobile Versionen von Webseiten auszeichnen. Dennoch wird in Zukunft lediglich ein einziger Suchindex aus Webseiten sowie Apps existieren. Allerdings werden die Algorithmen überwiegend auf die mobilen Seitenversionen zurückgehen, um das Seiten-Ranking festzustellen, angeordnete Daten zu erfassen sowie die Snippets der jeweiligen Homepages in den Suchergebnissen zu präsentieren. Selbst wenn der Index aus mobilen Dokumenten besteht, werden sämtliche Nutzer weiterhin von einem ausgezeichneten Sucherlebnis profitieren. Dies gilt sowohl für die mobile als auch für die Desktop-Version.

Verantwortliche Entwickler sind an diesen Umstellungsprozess äußerst vorsichtige herangegangen. Dazu haben sie eine geringe Anzahl von Tests durchgeführt, um anschließend eine größere Umstellung vorzunehmen. Sie sind so vorgegangen, um die Nutzer von jeglichen Einschränkungen im Hinblick auf die Suche zu verschonen. Webmaster, die eine responsive Webseite oder eine Homepage mit einer dynamischen Bereitstellung pflegen, bei welchen die wichtigsten Inhalte und das Markup in der Desktop- und der mobilen Variante identisch sind, müssen nichts anpassen.

Wenn sich bei der Webseiten-Konfiguration die Inhalte und das Markup der Desktop- und der mobilen Varianten in bedeutenden Punkten unterscheiden, lohnt es sich, einige Änderungen an der Homepage vorzunehmen. Als Erstes sollten die Seitenbetreiber ein strukturiertes Markup für beide Versionen bereitstellen. Verantwortliche können die Gleichwertigkeit der Varianten testen, indem sie die URLs beider Möglichkeiten in das vorgesehene Test-Tool für systematisch gegliederte Daten eingeben. Anschließend tätigen sie einen Vergleich der gelieferten Ergebnisse. Webmaster sollten bei der Bereitstellung der strukturierten Daten für die mobile Webseite kein umfassendes Markup einflechten, welches für den speziellen Informationsinhalt des zeitweiligen

Dokuments irrelevant ist. Der robots-txt-Tester ermöglicht die Überprüfung der mobilen Version der jeweiligen Seite im Google Bot. Diese sollte dort auffindbar sein. Änderungen an den kanonischen Links sind unnötig. Sie dienen auch weiterhin dazu, den Usern bei ihrer Suche auf ihren Desktop- sowie Mobilgeräten die gewünschten Ergebnisse zu veranschaulichen.

Webseitenbetreiber, die lediglich die Desktop-Variante ihrer Seite in der Search Console getätigt haben, können mühelos die Mobilversion hinzufügen und eine Bestätigung vornehmen. Diejenigen, die lediglich eine Desktop-Seite zur Verfügung stellen, können davon ausgehen, dass die Suchmaschinen diese ohne Weiteres indexieren, selbst wenn die Nutzer diese mit einem mobilen Gerät aufrufen.

Diejenigen, die im Begriff sind, eine mobile Variante ihrer Homepage zu erstellen, sollten streng darauf Rücksicht nehmen, diese fehlerfrei und vollständig zu konstruieren. Deshalb lohnt sich die Fertigstellung einer einwandfreien Desktop-Variante und eine anschließende Kreation einer mobilen Version, wenn die Erstere vollständig ist.

Darstellung und Anleitung für das Kreieren von Accelerated Mobile Pages

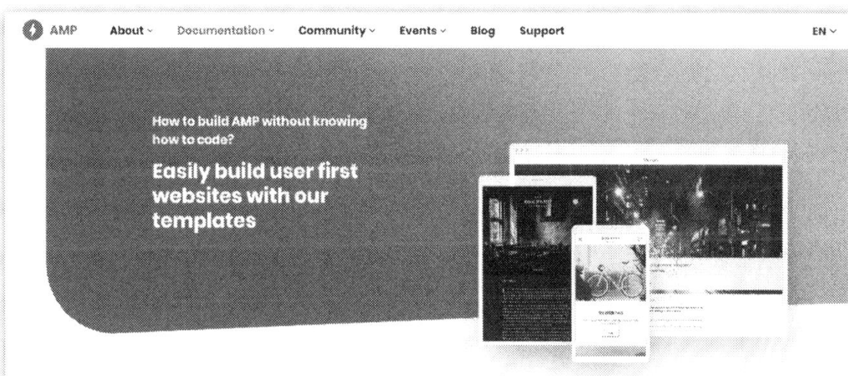

Auf der Webseite www.amp.dev finden Sie wertvolle Ressourcen

Mobile Seiten sollten neben einer freundlichen Bedienbarkeit eine weitere Eigenschaft aufweisen. Diese äußert sich in einer schnellen Ladezeit der mobilen Version der Seite. Wenn diese zu wünschen übriglässt, steigt die Anzahl, der Seitenbesucher, welche die Webseite verlassen. Aus diesem Grund fungiert nicht nur die mobile Seitenoptimierung als eine wichtige Seite der Medaille, sondern auch die Geschwindigkeit der mobilen Webseite als Kehrseite der Auszeichnung. Der Fachbegriff, welcher die Nutzer dazu animiert, sich mit dem dargebotenen Inhalt näher zu befassen, lautet accelerated mobile Pages (AMP). Eine Verdeutlichung dieses Sachverhalts in Zahlen, beweist, dass bei einer Ladezeit, welche die 3-Sekunden-Grenze übertrifft, Unternehmen herbe Umsatzeinbußen hinnehmen müssen.

Google hat festgestellt, dass AMP die Ladezeit einer Seite zwischen 15 und 85 Prozent reduzieren kann. Bereits im Jahre 2015 machte Google die Ansage, dass Accelerated Mobile Pages zu einem wichtigen Ranking-Faktor umschlagen könnte. Aus diesem Grund haben sich SEO-Berater, Webmaster und Vermarkter näher mit AMP befasst und festgestellt, dass dieses einen erheblichen Einfluss auf das Ranking der Suchergebnisse erzielt. Dementsprechend profitieren AMP-optimierte Seiten nicht nur von einer besseren Platzierung, sondern auch von der Fähigkeit, Seitenbesucher in Kunden umzuwandeln.

Die Bedeutung der Accelerated Mobile Pages (AMP)

Der Ursprung von AMP liegt in Google und Twitter. Erfolgreiche Seitenbetreiber integrieren AMP als Teil einer Strategie für mobile Inhalte. Bei diesem Vorgehen erfolgt ein schnelleres Laden einer Seite mithilfe einer Zerlegung. AMP steht somit auch als Beweis, der seine Nutzer in den Fokus des Geschehens stellt. Beim Accelerated Mobile Pages handelt es sich um eine Open-Source-Plattform, welche das Ziel verfolgt, Webdesigner beim Optimieren ihrer mobilen Inhalte im Hinblick auf Schnelligkeit und Lesbarkeit zu unterstützen. Schließlich stehen schnellere mobile Webseite samt lesbaren Inhalten für ein besseres Nutzererlebnis.

Die Funktionsweise von AMP

AMP ist in der Lage mobile Daten wesentlich schneller zu verarbeiten, indem es HTML-Tags reduziert oder nur auf solche zurückgreift, welche sich für die jeweiligen mobilen Nutzer am besten eignen. Dementsprechend nutzt AMP für die Verarbeitung einer Seite ein optimiertes HTML. Das Ziel besteht in einer schnelleren Seitenladezeit. Dementsprechend erfolgt eine Eliminierung von HTML-Tags, welche die Geschwindigkeit der Webseite deutlich bremsen. Integrierte JavaScripte verhindern das Nutzen des Scripts für die Accelerated Mobile Pages. Um von den Vorteilen von AMP zu profitieren, nutzen Webmaster eine optimierte CSS-Version.

- Webdesigner dürfen lediglich auf die JavaScript Bibliothek, welche AMP zur Verfügung stellt, zurückgreifen. Die Ladezeit kann ein wenig länger sein, da die Seitenbetreiber keine Kontrolle über die bereitgestellte Bibliothek haben.

- Eine korrekte Validierung der Seiten ist erforderlich, um eine einwandfreie Funktion der Webseiten zu gewährleisten.
- Die AMP-Seiten erlauben keine Nutzung von Formularen.
- Um den Seitenbesuchern ein schöneres Nutzererlebnis zu bieten, bedürfen individuelle Schriftarten einer Extra-Ladung.
- Bei Abbildungen ist die Angabe der Höhe und der Breite essentiell, denn ansonsten sehen diese merkwürdig aus.
- Diejenigen, die Videos in ihre Seiten integrieren möchten, sollten AMP-unterstützte Erweiterungen verwenden.

Webmaster, die AMP verwenden, um ihre mobilen Seitenversionen zu verbessern, sollten die Geschwindigkeit sowie die Lesbarkeit über die Teilbarkeit stellen. Die Social-Share-Buttons werden nicht jedes Mal korrekt angezeigt, da die Mehrheit von ihnen mit einem JavaScript kreiert wurde.

Bedeutende Vorteile der Accelerated Mobile Pages (AMP)

Zwischen der Seitengeschwindigkeit, den Seitenaufrufen sowie den Suchmaschinen-Platzierungen existiert ein bedeutender Zusammenhang. Seitenadministratoren sollten immer die Information im Hinterkopf haben, dass Webseitenbesucher sich durch mehrere Unterseiten durchklicken und aus diesem Grund die Absprungrate reduziert wird, wenn die Seite schnell lädt. Eine geringe Absprungrate sowie ein gutes Onsite-Erlebnis werden von Google mit einer Belohnung versehen. AMP-Webseiten genießen einen höheren Rang als Webseiten, die nicht die Vorteile von AMP nutzen.

1 Schnelle Webseiten, die Seitenbesucher lieben

Schnelligkeit ist der Mittelpunkt einer mobilen Webseite. Gute Inhalte sind zwar notwendig, werden jedoch von den Besuchern nicht wahrgenommen, wenn die Seite langsam lädt. Studien haben ergeben, dass schon eine 1-sekündige Verzögerung der mobilen Ladezeit, die Conversion-Rate um 3,5 Prozent, die Seitenaufrufe um 9,4 Prozent sowie die gefürchtete Absprungrate um 8,3 Prozent erhöht. Aus diesem Grund steht Schnelligkeit im Fokus der Betrachtung. Langsame mobile Seiten können die gewünschte Zielgruppe nicht zu Kunden konvertieren. Deshalb hilft die Seite namens AMPProject.org bei der Optimierung.

2 Verbesserte Sichtbarkeit für Content-Vermarkter

Google zeigt mittlerweile AMP-Ergebnisse auch in den organischen Suchergebnissen an. Diese lassen sich anhand des AMP-Icons in grün erkennen. Das Prinzip ist denkbar einfach und besagt, je höher die Aufmerksamkeit der Suchergebnisse ist, desto höher ist die Anzahl der Klicks. Das grüne AMP-Symbol verbessert die Durchklickrate, da sich die Suchergebnisse von den Ergebnissen der Konkurrenz um ein Vielfaches differenzieren. Nutzer suchen gezielt nach AMP-Webseiten, da sie über deren schnellere Ladezeit informiert sind.

❸ Bessere Suchmaschinen-Rankings

Der Zusammenhang zwischen der Schnelligkeit der mobilen Webseite und der Conversion-Rate verdient eine besondere Beachtung. Sind Webseitenbesucher mit der schnell ladenden Version der Seite glücklich, steigt die Wahrscheinlichkeit, dass sie ein Produkt oder eine Dienstleistung kaufen sowie abonnieren. Mobile Webseiten genießen einen höheren Status in den organischen Suchergebnissen. Dementsprechend ist die Wahrscheinlichkeit höher, dass AMP-basierte Seiten einen noch höheren Rang ergattern.

❹ Anpassungsfähige Anzeigenhilfe

Die Mehrzahl der Menschen kreiert eine Webseite oder einen Blog, um sich damit nebenbei etwas zu verdienen oder gar den Beruf zu wechseln. Mit AMP können sie jedoch auf ihren mobilen Webseiten, mithilfe von Anzeigen, Geld verdienen. Das liegt daran, dass nicht alle HTML-Tags ausgeführt werden, sondern lediglich die Verwendung einer optimierten CSS-Version erfolgt. Da keine JavaScripte genutzt werden, ist die Codierung leichter. Des Weiteren sollten Webmaster im Hinterkopf behalten, dass die Anzeigen von Dritten auf ihrer Acclerated Mobile Pages schnellladen sollten, um die Aufmerksamkeit der Seitenbesucher auf sich zu lenken und auf diese Weise komparative Konkurrenzvorteile zu erzielen. Content-Marketing bietet sich als eine effektive Weise an, um den Einfluss zu erhöhen, den Webseitenbesuchern bei deren Fragenbeantwortung behilflich zu sein sowie den Return-on-Investment der Kosten der Anzeigen zu optimieren. Zu den Anzeigen-Netzwerken, die sich in der Praxis bewährt und welche die Funktionalität der AMP-Anzeigen nutzen, gehören Amazon A9, AdReactor, Google Doubleclick, Flite, Adform, Google AdSense, AOL AdTech, DotAndAds.

❺ Vereinfachtes Nutzer-Tracking

Eine Leitung des Traffics auf die mobile Seite ist erst der Anfang. Webmaster müssen nachvollziehen, ob ihre Besucher auch tatsächlich bei ihrer Seite angekommen sind. Tracking ist ein effektives Hilfsmittel beim Nachvollziehen der Herkunft der Seitenbesucher. Dank AMP ist es wesentlich einfacher sowohl die Nutzer als auch die Leistung der Seite zu verfolgen. Analytische Tools ermöglichen eine genaue Inspektion der gewählten AMP-Version. Schließlich können Webseitenbetreiber das Verhalten ihrer Besucher nur dann beeinflussen, wenn sie die Möglichkeit haben, dieses nachzuvollziehen. AMP stellt den Webmaster zwei unterschiedliche Tags zur Verfügung. Sie helfen beim Verfolgen der essenziellen Daten, wie Konversionen, Videos, Link-Tracking, Besucherzahlen sowie der Unterscheidung zwischen neuen und wiederkehrenden Nutzern. Zu den namhaften Unternehmen, welche die Vorteile von AMP nutzen, gehören WordPress, Adobe Analytics, Pinterest, Twitter sowie LinkedIN.

Seitenoptimierung für AMP

Accelerated Mobile Pages steckt noch in der Entwicklungsphase. Dementsprechend erscheinen regelmäßige Updates. Allerdings müssen Webseitenbetreiber ihre Seiten für AMP optimieren. Dafür stehen ihnen unterschiedliche Möglichkeiten zur Verfügung. Anfänger sollten aus Sicherheitsgründen zwei Seiten-Varianten aufweisen. Die erste Version stellt die Originalseite der mobil-freundlichen Variante dar. Dementsprechend ist die zweite Seite die AMP-Version der speziellen Webseite, welche dazu dient, den Vorgang zu beschleunigen. Ferner sollten Webmaster stets im Hinterkopf behalten, dass die AMP-Seite auf HTML basiert und aus diesem Grund keine Formatierungselemente sowie javaScripte Dritter erlaubt. Auch das Hinterlassen von Nutzerkommentaren ist bei AMP-Versionen momentan noch nicht möglich. Die Konzentration der AMP-Versionen liegt nun mal auf den Attributen Lesbarkeit und Schnelligkeit.

Schritt-für-Schritt Anleitung für Worpdress

1. WordPress-Nutzer müssen zunächst das WordPress Plugin „AMP“ herunterladen, um mit AMP zu beginnen. Das AMP-Plugin lässt sich problemlos im WordPress Dashboard installieren.
2. Nach einer erfolgreichen Installation und Aktivierung, müssen Webmaster „/amp/“ zu ihrem jeweiligen Blog-Eintrag hinzufügen. Diejenigen, die keinen Permalink haben, können stattdessen „?amp=1“ als Alternative eingeben. Nutzer müssen das AMP-Schema nachvollziehen können. Wenn die kanonische Seite beispielsweise

diebeispielurl.de/damenbekleidung lautet, dann sollte der Link der AMP-Version amp.diebeispielurl.de/damenbekleidung oder diebeispielurl.de/amp/damenbekleidung sowie test.de/damenbekleidung lauten. Wenn Webseitenbesucher über die Google-Suche auf den Link zu der jeweiligen AMP-Seite klicken, erscheint im Browser die AMP-URL. Um einer Verwirrung der Nutzer entgegenzuwirken, müssen Webmaster darauf achten, dass die AMP-URL zu ihrer Seite passt.

3. Anschließend bestätigen und optimieren sie diesen Eintrag bei der Google Serach Console. Auf diese Weise erfolgt eine schnellere Auswahl ihrer AMP-Version.

Diejenigen, die nicht auf Wordpress zurückgreifen können, sollten überprüfen, ob ein geeignetes AMP-Plugin für ihr CMS existiert. Falls kein Plugin vorhanden ist, kommen die Webdesigner ohne jegliche HTML-Kenntnisse nicht weiter. Sie können jedoch die nachfolgende Anleitung befolgen, um eine passende AMP-Version für ihre Webseite zu erstellen:

> https://amp.dev/documentation/guides-and-tutorials/start/create/?format=websites

Fazit

AMP ist ein effektives Upgrade für mobil-freundliche Webseiten, welches Webmastern beim Beschleunigen ihrer Seiteninhalte hilft. Außerdem erfüllen sie mit der Nutzung von AMP die Anforderungen von Google. Experten gehen davon aus, dass Accelerated Mobile Pages die Interaktionen auf den sozialen Medien in einem starken Maße beeinflussen wird.

Tipp

Für das Erstellen einer neuen Webseite können auf https://amp.dev/documentation/templates/ vorgefertigte AMP-Templates herunterladen werden.

2.7

DIE MACHT DER STRUKTURIERTEN DATEN

Strukturierte Daten leisten für den Google Bot eine enorme Vorarbeit. Sie stellen ihm weiter Informationen zur Verfügung, anhand welcher Google die Seiten optimaler einordnen und somit treffender für gewisse Suchanfragen anzeigen kann. Im nachfolgenden sind Ratschläge zur Verwendung von Rich Snippets, Rich Cards, den Featured Snippets sowie den Google Knowledge Graph dargestellt.

Ein Markup hilft beim Hinzufügen von gut strukturierten Daten

Strukturierte Daten stellen einen praktischen Code, welche Webmaster zu den einzelnen Seiten ihrer Webseite hinzufügen können, dar. Sie dienen der besseren Veranschaulichung des Seiteninhalts für Suchmaschinen. Diese greifen wiederum auf die zur Verfügung gestellten Daten zurück, um die Inhalte so gut wie möglich und auffällig zu präsentieren. Dadurch erhöht sich die Wahrscheinlichkeit dafür, dass genau die richtigen Kunden das jeweilige Produkt oder die angebotenen Dienstleistungen eines Unternehmens finden. Kosmetikhersteller, die einen Onlineshop betreiben und ihre Produktseite mit dem erwähnten Markup ausstatten, profitieren von einer besseren Informationsbereitstellung bei den Suchmaschinen. Diese sehen dann, dass die jeweilige Seite Informationen über die dekorative Kosmetik, deren Preise und hilfreiche Rückmeldungen von Kunden enthält. Wenn Nutzer bedeutsame Suchanfragen tätigen, können sie davon ausgehen, diese im Snippet für Suchergebnisse zu finden. Experten sprechen in diesem Fall von sogenannten Rich-Suchergebnissen. Strukturierte Daten-Markups eignen sich jedoch nicht nur für Rich-Suchergebnisse, sondern auch für wesentliche Ergebnisse, welche sich in weiteren Formaten darstellen lassen. Arztpraxen profitieren vom Markup der Öffnungszeiten, da sie von ihren Patienten genau dann gefunden werden, wenn diese auf sie angewiesen sind. Ferner sehen die Personen, ob die Praxis zum jeweiligen Zeitpunkt des Suchens offen oder geschlossen ist. Es existieren einige Elemente, die Webmaster unbedingt mit einem Markup versehen sollten, um den jeweiligen Unternehmenserfolg zu steigern. Bei Anbietern von Produkten lohnt sich die Markup-Ausstattung der Produkte. Das Firmenlogo, der Unternehmensstandort und die Öffnungszeiten gehören zu den Begriffen, die mit einem Markup versehen werden sollten. Wichtige Markup-Elemente stellen außerdem Veranstaltungs- sowie Terminlisten, das Firmenlogo, Rezepte und Videos über die angebotenen Produkte und Dienstleistungen dar. Webmaster, die sich mit dieser Thematik gut auskennen, empfehlen sämtliche relevanten Inhalte der strukturierten Daten mit einem Markup zu unterstützen. Ein HTML-Code hilft bei dieser Darstellungsweise. Es existieren jedoch auch zwei Tools namens Highlighter und Markup-Hilfe, die bei der gewünschten Präsentation der strukturierten Daten Abhilfe schaffen.

Um optimale Ergebnisse zu erzielen, sollten Webdesigner ihr genutztes Markup mit einem Test für Rich-Suchergebnisse verifizieren. Sie können auf diese Weise prüfen, ob die von ihnen durchgeführte Implementierung keine Fehler beinhaltet. Dazu geben sie entweder die URL ein oder kopieren den HTML-Code, der mit dem Markup versehen ist. Es existieren jedoch einige Regeln, die Webdesigner meiden sollten, wenn sie einen hohen Wert auf eine gelungene Suchmaschinenoptimierung legen. Dazu gehört unter anderem das Nutzen von ungültigen Markups oder sogenannten Data Highlightern. Die letzteren ermöglichen ein strukturiertes Markup ohne eine Änderung des Quellcodes der Webseite. Dabei handelt es sich um ein unentgeltliches Tool, das die Search Console bereitstellt. Diejenigen, die den Markup-Code zum Vervielfältigen und Einsetzen auf ihrer Seite vorbereiten möchten, können auf die Markup-Hilfe zurückgreifen. Dennoch sollten Webdesigner ihren Quellcode nicht ändern, wenn sie sich über die Implementierung eines Markups unsicher sind.

In der Search Console existieren hilfreiche Berichte zu Verbesserungen der Webseite. Sie zeigen an, wie hoch die Anzahl der Seiten, die mithilfe eines bestimmten Markups auf der Webseite erkannt wurden. Außerdem zeigen die Berichte die Häufigkeit des Erscheinens der Seiten in den Suchergebnissen und wie groß die Ziffer der Nutzer ist, die in den letzten drei Monaten die Seite besucht haben. Des Weiteren führt Google in den genannten Berichten die erkannten Fehler auf. Webdesigner sollten jedoch keine Markup-Daten hinzufügen, welche der Nutzer nicht sehen kann. Auch das Anfertigen von gefälschten Bewertungen ist nicht empfehlenswert.

Die Bedeutung der strukturierten Daten

Strukturierte Daten versehen Webseiteninhalte mit nützlichen Zusatzinformationen. Google-Bots verstehen dank ihnen den Content der Seiten besser. Außerdem können Webmaster ihre Inhalte mithilfe von strukturierten Daten als Rich Snippets in den Suchergebnissen von Google präsentieren. Dadurch heben sich diesen von den anderen Ergebnissen deutlich ab und genießen eine größere Aufmerksamkeit. Diese erhöht wiederum die Klickrate und die Besucherzahl. Im nachfolgenden Kapitel erfolgt eine Erklärung der unterschiedlichen Darstellungsmöglichkeiten, die mithilfe von strukturierten Daten verwirklicht werden können. Webmaster, die diese anwenden, können sich über ihre Webseitenanzeige in den Suchergebnissen freuen.

Anleitung zum Erstellen von Rich Snippets

Rich Snippets fallen den Webseitenbesuchern sofort auf. Die Herausforderung besteht darin, diese für den eigenen Internetauftritt zu generieren. Markups stellen die Basis für diese Verwirklichung dar. Dabei handelt es sich um Auszeichnungen im Quellcode. Diese haben jedoch keinen Effekt auf die Browser-Darstellung. Sie setzen sich aus zwei Bestandteilen zusammen. Der erste Bestandteil eines Quellcodes ist beispielsweise ein Ereignis. Als zweiter Bestandteil kommen die Properties, also die Eigenschaften wie das Datum zum Zug. Die beiden Bestandteile nennen sich Schema oder Schemata. Weitere Auszeichnungsarten sind Microdata, RDFa und JSON-LD. Die ersten beiden nutzen Webmaster für Attribute. Sie beschreiben bereits vorhandene Elemente im HTML-Body einer Seite. Wohingegen JSON-LD ohne komplizierte Maßnahmen in dargebotene Strukturen zum HTML-Head einer Seite hinzugefügt wird. Google erlaubt sämtliche Formate, doch die Suchmaschine bevorzugt JSON-LD. Webmaster, die Snippets als Rich Snippets anzeigen wollen, können dabei in Abhängigkeit von ihren IT-Kenntnissen sowie ihrem Backend-Zugriff vier Methoden nutzen.

1. Manuelle Implementierung

   Bei dieser Vorgehensweise, die im Quellcode getätigt wird, suchen sich Webmaster über die Seite schema.org die geeignete Codierung heraus. Sie ist dort für sämtliche Property-Typen in den geforderten drei Formaten vorhanden. Eine Implementierung des Mark-Ups erfolgt an der dafür vorgesehenen Stelle im Quellcode.

2. Plugins für die Implementierung nutzen

   Mittlerweile existieren für sämtliche Content-Management-Systeme wie WordPress Erweiterungen sowie Plugins. Diese erleichtern den Webmastern die Implementierung ihrer strukturierten Daten. Dank dieser müssen die Webseitenbetreiber nicht eigenständig den Quellcode ändern oder bearbeiten. Das Mark-Up Plugin namens JSON-LD ist das beliebteste für das Content-Management-System für WordPress. Bei Joomla! Hingegen erfreut sich das Google Structured Data Markup einer großen Beliebtheit.

❸ Implementierung mithilfe des Google Tag Managers

Diejenigen, die eine Implementierung ohne eine IT-Abteilung tätigen möchten, können den JSON-LD auch über den Google Tag Manager hinzufügen. Dafür erschaffen sie zuerst das JSON-LD Markup und fügen es mit dem Custom HTML Tag in den dafür vorgesehenen Tag Manager ein. Trigger helfen anschließend bei der Verknüpfung zur passenden Unterseite.

❹ Implementierung mithilfe des Data Highlighters

Der Data Highlighter von Google stellt die komfortabelste Möglichkeit, um Daten zu strukturieren dar. Das lohnt sich insbesondere dann, wenn die Webmaster keinen Zugriff auf das Backend ihrer Webseite haben. Bei Produktseiten trainieren Webmaster Google an, innerhalb von kürzester Zeit, wichtige Informationen wie den Preis, die Farbe oder das Herstellungsmaterial herauszufiltern. Anschließend erfolgt eine automatische Identifikation dieser Informationen bei Webseiten, die sich durch den gleichen Aufbau auszeichnen.

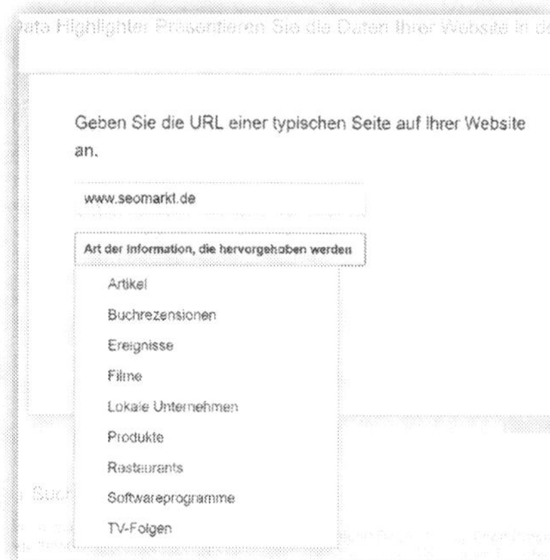

Google Data Highlighter: https://www.google.com/webmasters/tools/data-highlighter

Es spielt eine untergeordnete Rolle, welche der genannten Implementierungsarten Webmaster wählen. Sie sollten des Weiteren wissen, dass sie nicht sämtliche Mark-Up Typen, die zur Verfügung stehen, ausfüllen müssen. Jedes Mark-Up enthält Pflicht- und freiwillige Felder.

Strukturierte Daten erfolgreich testen

Nach einer erfolgreichen Implementierung des Markups erfolgt eine Überprüfung des Erfolgs. Diese Aufgabe kann mit dem Structured Data Testing Tool verwirklicht werden. Dabei kontrollieren Webseitendesigner, ob das Markup irgendwelche Unstimmigkeiten enthält. Das Tool punktet mit seiner einfachen Handhabung. Mit ihm können Webmaster eine URL und einen Code-Schnipsel gleichermaßen testen.

Testtool für strukturierte Daten: https://search.google.com/structured-data/testing-tool/

Definition von Rich Cards

Rich Cards dienen als Erweiterung der Rich Snippets. Doch sie weisen bedeutende Differenzen zu diesen auf.

- Rich Cards eignen sich lediglich für die mobile Suche. Nutzer könne dort unter Zuhilfenahme eines Bilder-Karussells unterschiedliche Ergebnisse durchklicken.
- Momentan existieren Rich Cards für eine geringe Anzahl von Typen. Zu diesen gehören Filme, Rezepte, Artikel sowie Kurse. An der Entwicklung weiterer Typen wird jedoch fieberhaft gearbeitet.
- Das Kennzeichen der Rich Cards sind große Bilder mit einem kleinen Text.

Anleitung zum Erstellen von Rich Cards

Rich Cards basieren auf Markups, welchen das Format Microdata, RDFa oder JSON-LD zugrunde liegt. Deshalb können Webmaster auf die bereits dargestellten vier Implementierungsmöglichkeiten zurückgreifen. Das erwähnte Structured Data Testing Tool lässt sich auch im Hinblick auf die Rich Cards anwenden. Dafür existiert sogar ein Report in der Google Search Console. Dieser liefert eine wertvolle Rückmeldung zu der Ausspielung von Rich Cards für den eigenen Online-Auftritt. Auf diese Weise können Webmaster ihre Unstimmigkeiten sowie Verbesserungspotenziale gezielt nachsehen.

Definition des Google Knowledge Graph Panels

Der Knowledge Graph Panel stellt die dritte Alternative dar. Er steht für eine Bestimmung von kompilierten Suchergebnissen zu ausgesuchten Themen und

Entitäten. Er kommt in der Regel bei wissens- oder unternehmensbezogenen Suchanfragen zum Einsatz. Wissensbezogene Fragen beinhalten unter anderem die Suchbegriffe „künstliche Intelligenz“ oder „Salvador Dali“. Die unternehmensbezogenen Anfragen bestehen aus zwei Teilen. Zum einen liefern sie Brand-Ergebnisse wie Nike und zum andere zeigen sie Laden-Öffnungszeiten wie adidas-store an. Dabei erhält der Nutzer lokale Suchergebnisse, wenn er nach einem Laden in seiner Nähe gesucht hat. Unternehmen, die das Ziel verfolgen als Webseite im Rahmen des Knowledge Graph Panels bei den Suchergebnissen zu erscheinen, können zwei Ansatzpunkt verfolgen. Sie können entweder als eine Quelle bei wissensbezogenen Anfragen im Knowledge Graph erwähnt werden oder ihr Unternehmen bei den unternehmensbezogenen Suchanfragen in dem Knowledge Graph nennen und darstellen.

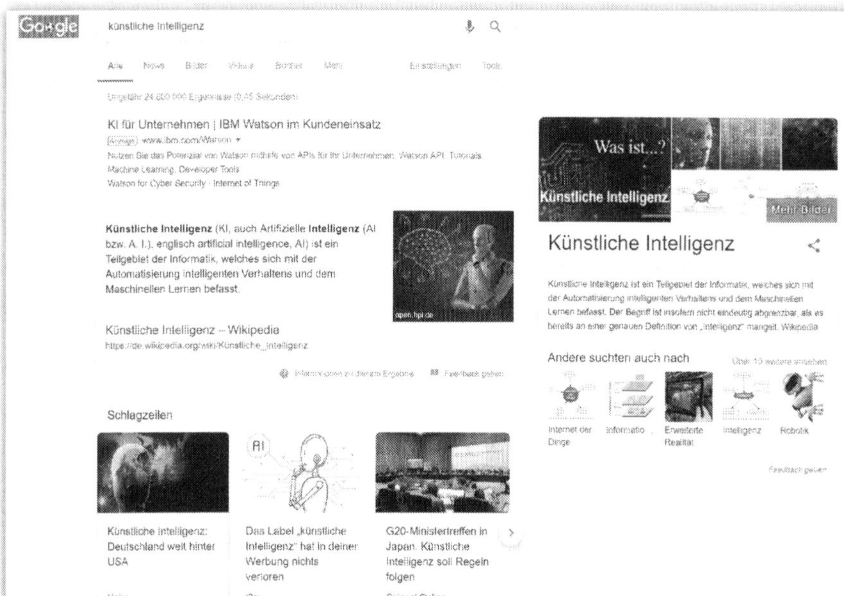

Google Knowledge Graph auf der rechten Seite

Hinweise zum Erstellen eines Google Knowledge Graph Panels

Google bezieht seine Informationen bei wissensbezogenen Panels größtenteils aus dem riesigen Online-Nachschlagewerk Wikipedia. Unternehmen, die selbst als Quelle auftauchen möchten, können auf die Daten-Auszeichnung über das Markup zurückgreifen. Die Suchanfragen, die Nutzer tätigen sind beim Knowledge Graph Panel im Gegensatz zu den Rich Cards und Rich Snippets

Schemas wie Person sowie MedicalEntity von Bedeutung. Unternehmen und Organisationen, die ihre Firma als Knowledge Graph Panel darstellen wollen, können die nachfolgenden Kriterien als Orientierung nutzen.

- Das Vorliegen eines kompletten Google-My-Business-Profils ist zwingend notwendig.
- Bei der Webseite handelt es sich um eine autoritäre Seite, die des Öfteren von anderen Online-Auftritten zitiert oder verlinkt wird.
- Die Firma oder Organisation kann überwiegend positive Bewertungen vorweisen.
- Aktive Social-Media-Profile gehören beim Erstellen eines Google Knowledge Graph Panels dazu. Facebook, Twitter, LinkedIn sowie Instagram genießen einen hohen Status und sollten deshalb bei der Nutzung integriert werden.
- Ein Wikipedia-Eintrag zum jeweiligen Unternehmen sollte ebenfalls vorhanden sein.
- Bedeutende Unternehmensinformationen sind dank eines Markups vorhanden. Dazu gehören Firmendaten, führende Angestellte, das Firmenlogo, der Markenname sowie die offiziellen Social-Media-Profile.

Definition der Featured Snippets

Featured Snippets stellen die letzte Variante der Ausprägung dar. Sie repräsentieren kurze und prägnante Antworten, die Google seinen Nutzern mithilfe einer Antwortbox in den Suchergebnisseiten präsentiert. Sie sind in drei Arten vorhanden und bestehen aus einer Fließ-, Listen- und Tabellenform.

Featured Snippet in der Google Suche

Hinweise zum Erstellen von Featured Snippets

Unternehmen, die das Ziel verfolgen, ihre Organisation in einer derartigen "Antwortbox" zu finden, müssen passende Keywords verwenden. Google nutzt die Featured Snippets nicht bei sämtlichen Suchanfragen, da auch nicht jeder einzelne Suchbegriff aus der Sicht der Traffic-Perspektive von Bedeutung ist. Die Chance einer Anzeige in der Antwortbox existiert jedoch nur für Webseiten, die bei den Suchergebnissen unter den ersten zehn oder idealerweise unter den ersten drei angezeigt werden. Deshalb lohnt sich eine intensive Auseinandersetzung mit dem Tool namens Sistrix, Searchmetrics oder ahrefs, um die Keywords einzusehen, mit welchen ein gutes Ranking realisierbar ist. Wobei ahrefs nicht kostenlos ist.

Filterung nach Schlagwort-Ranking mithilfe der Featured Snippets bei Sistrix

Webmaster, die interessante Schlüsselbegriffe mit einem guten Suchvolumen ausfindig gemacht haben, können im Anschluss Maßnahmen einleiten, um dieses Featured Snippet mit einem geeigneten Inhalt zu „annektieren". Dabei spielt die genutzte Struktur eine besondere Rolle. Strukturierte Daten sind in diesem Fall jedoch keine zwingende Voraussetzung, sondern lediglich ein Pluspunkt. Webmaster sollten ihre sichtbaren Texte mit stilistischen Mitteln gekonnt darstellen.

- Fließtextform: Webmaster, die sich für eine Optimierung samt Antwortbox mit Fließtextform entscheiden, müssen kurze informative Antworten auf ein Keyword, welches in den Fragen oft enthalten ist, finden. Die optimale Länge einer Antwort liegt zwischen 40 und 50 Wörtern. Keywords wie „Definition" oder „darunter versteht man" haben sich in der Praxis besonders bewährt. Google erhält so die Information, dass es sich dabei um hilfreiche Erklärungen, welche den Nutzern einen Mehrwert bieten, handelt.
- Listenform: Bei der Verwendung von Listen beträgt die ideale Länge vier bis maximal fünf Einträge, die sich aus zehn Begriffen zusammensetzen. Es lohnt sich jedoch, mehr Punkte einzubauen als Google präsentieren kann. Solch eine Vorgehensweise erhöht die Klickwahrscheinlichkeit, da die Nutzer in der Regel auch die weiteren Punkte nachlesen wollen. Signalbegriffe wie Anleitung, Zubereitung, Checkliste sowie Guide haben sich als äußerst effektive Keywords erwiesen. Weitere Begriffe, die zum Weiterklicken animieren gehören ebenfalls in die Tabelle. Sie setzen sich aus den Worten „finde, mache sowie klicke hier" zusammen.

- Tabellenform: Diejenigen, die eine Antwortbox in Tabellenform auswählen, müssen diese auch auf ihre Webseite anzeigen. Dabei sollte die Tabelle aus drei bis vier Zeilen sowie zwei bis drei Spalten bestehen. Nach einer Überarbeitung der Webseite sollten Webmaster ein Re-Crawling bei Google beantragen. Dies ist über die Crawling-Funktion namens Abruf wie durch Google, welche sich in der Search Console befindet, möglich.

Fazit

Es ist kein Kunstwerk bei Google mithilfe von strukturierten Daten eine höhere Aufmerksamkeit zu verwirklichen. Auch wenn der erste Blick auf die Thematik das Gegenteil vermuten lässt. Die Digital Marketer dürfen lediglich keine Scheu vor den Mark-Up aufweisen. Diese beeinflussen unmittelbar die Inhaltsdarstellung der Webseiten in den Suchergebnissen. Es existieren an dieser Stelle zahlreiche Möglichkeiten, die entweder keine oder nur geringfügige IT-Kenntnisse voraussetzen. Diejenigen, die diese Hürde meistern, können sich garantiert über eine weitaus höhere Klickrate mit einer deutlich höheren Besucherzahl freuen.

2.8

EIN LEITFADEN ZUR OFF-PAGE OPTIMIERUNG

Off-Page SEO dient der Veranschaulichung, wie andere Nutzer zu einer Webseite stehen. Zahlreiche und zugleich wertvolle Links, die auf eine bestimmte Webseite verweisen, verleiten die Suchmaschinen zu der Annahme, dass die Seite über wertvolle Inhalte für die Nutzer verfügt. User zitieren oder teilen lediglich Informationen, die Ihnen einen erheblichen Mehrwert bringen. Das Verlinken von wertvollen Inhalten gleicht der einstigen Mund-zu-Mundpropaganda über gute Produkte und Dienstleistungen in Städten und kleinen Ortschaften. SEO kann Neulinge mit den zahlreichen Informationen, wie eine gute Webseite aufgebaut ist, nahezu erschlagen. Die Einschüchterung trifft vor allem dann zu, wenn unerfahrene Webmaster nicht wissen, welche Schritte sie unternehmen müssen, um ihre Webseite in die Top-Ten Liste von Google zu platzieren. Allerdings punkten diejenigen, die ein Grundverständnis für die On- und Off-Page Optimierungen entwickeln. Außerdem sind sie damit ihrer Konkurrenz einen bedeutenden Schritt voraus.

Definition von Off-Page SEO

Der Begriff „Off-Page SEO" steht für sämtliche Anstrengungen, die Seitenadministratoren im Hintergrund tätigen, um ihren Erfolg in der Anzeige einer Suchmaschine zu steigern. Eine große Anzahl der Nutzer verbindet Off-Page SEO lediglich mit einem Linkaufbau. Dabei verbirgt sich hinter der genannten Tätigkeit wesentlich mehr als der Aufbau von Links. Die Unterscheidung von On- und Off-Page SEO ist unkompliziert. Das Erstere steht für Aktivitäten innerhalb einer Homepage, wohingegen Off-Page SEO für Aktionen, die außerhalb der Webseite stattfinden, steht.

Seiten für den Linkaufbau vorbereiten

Links stellen nach wie vor einen bedeutenden Bestandteil für Google dar. Die Suchmaschine kann nur schwer, den Wert einer Webseite ermitteln, wenn keine Links auf diese verweisen. Dabei spielt es eine untergeordnete Rolle, wie sinnvoll, umfangreich oder gegenwärtig der Seiteninhalt ist. Zahlreiche Seitenbetreiber kommen in die Versuchung, die Vorbereitungen für den erforderlichen Linkaufbau zu ignorieren. Diejenigen, welche die nachfolgenden Regeln zur Anleitung berücksichtigen, leisten einen großen Beitrag zu einer Erfolgssicherung ihrer Webseite.

Vorab interne Organisation der Seite durchführen

Interne Seitenoptimierungen machen einen bedeutenden Unterschied für übergreifende Positionen. Experten verstehen darunter auch eine Verlinkung der Seiten untereinander. Keywords übernehmen dabei die Verlinkungsfunktion. Brian Deans hat sich den Ruf „bekanntester SEO-Experte" erarbeitet. Er hat einen wertvollen Beitrag mit dem Titel „Googles 200 Ranking-Faktoren verfasst" und dabei erwähnt, dass die Menge der internen Links zu einer ausgewählten Seite, deren Bedeutung gegenüber weiteren Subseiten derselben Webseite darstellt.

Der Fachbegriff für diese Vorgehensweise lautet „Silo-Seiten erstellen". Sie bilden eine Symbiose zu den Kategorie-Seiten sowie den unterstützenden Seiten. SEO-Experten sprechen von einem Link Juice eines Rückverweises, welcher die Suchergebnisse verbessert. Aus diesem Grund setzen clevere SEO-Profis Links geschickt ein, indem sie ihre Seiten so organisieren, dass jeder einzelne Link seinen jeweiligen SEO-Juice zu weiteren Unterseiten leitet. SEO-Juice wird auch Link Juice gennant. Dieser steht für einen Rückverweis auf eine Seite, der Suchergebnisse verbessert. Eine weitere Grundregel, die für das Off-Page SEO steht, lautet: Keine einzige der internen Seiten soll ein

Einzelgänger sein. Jede vorhandene Haupt- und Unterseite ist bei erfolgreichen Webdesignern ein integraler Bestandteil der gesamten Webseite. Dieser punktet wiederum mit einer nahtlosen Navigation. Sowohl für die Nutzer als auch für die Suchergebnisse ist dies eine notwendige Bedingung. Idealerweise erfolgt eine Verlinkung von Seiten, deren Themengebiete miteinander verwandt sind. Leser profitieren von derartigen Inhalten am meisten.

Interne Seiten leiden jedoch immer noch unter einer stiefmütterlichen Behandlung. Sogar SEO-Berater vergessen hin und wieder, dass die interne Seitenstruktur ebenfalls den SEO-Wert bestimmt. Silos fungieren somit nicht nur als wertvolle Themenschwerpunkte, sondern ermöglichen auch die Weiterleitung zwischen den Seiten. Dabei spielt nicht die Anzahl der internen Links eine Rolle, sondern deren Qualität.

Erfahrene SEO-Berater betrachten jedoch Backlinks als die bedeutendsten Off-Page SEO-Faktoren. Natürliche Links von wesentlichen fremden Webseiten mit einer bestimmten Fachgröße übernehmen die Rolle eines unabhängigen Vertrauensvotums, welches den Webmastern dabei hilft, die Glaubwürdigkeit bei der Suchmaschine zu festigen. Die Search-Spider, welche zu Beginn des Buches eine ausführliche Erläuterung genossen haben, besuchen Seiten und crawlen dabei nach gegenwärtigen Inhalten. Anschließend indizieren sie die neuen Seiten, die sie für Nutzer vorbereiten. Webseiten, die den Sprung in den mächtigen Index geschafft haben und bei Suchergebnissen erscheinen, sobald Nutzer bedeutsame Suchanfragen ausführen, greift Google auf mehrere Faktoren zurück, um zu beschließen, an welcher Position die jeweilige Seite stehen soll. SEO-Experten sprechen dabei von den Google Ranking-Faktoren, die für die organische Suche erforderlich sind. Die Anzahl der Faktoren beläuft sich auf eine Ziffer, die größer als 200 ist und ansteigt.

Den bedeutendsten SEO Ranking-Faktor stellen jedoch die Auswirkungen der Links dar. Einst galt die Regel, je mehr Links zu einer Webseite führen, desto höher war die Wahrscheinlichkeit von Google als bedeutender eingestuft zu werden. Die Qualität der Links spielte in der Vergangenheit eine untergeordnete Rolle. Mittlerweile genießen die Verlinkungen einen anderen Status. Zahlreiche Fragen entstehen, wenn Google einen Link zu einer Webseite findet. Die erste Frage bezieht sich auf die Herkunft des Links. Anschließend folgt die Frage, weshalb ein Seitenbetreiber auf eine ausgewählte Seite verweist. Auch die Bedeutung der Autorität verlangt eine Einstufung. Außerdem spielt die Aktualität des Links eine entscheidende Rolle. Ungültige und veraltete Links ärgern die Nutzer. Seitdem Google Penguin Update sollten bei Backlinks zudem berücksichtigt werden, dass sie nischenrelevant sind. Ein Autohaus, welches einen Backlink von einem Auto-Blog erhält, ist wesentlich erfolgreicher. Der Link einer allgemeinen Seite hingegen liefert nicht denselben Erfolg.

Deshalb sollen die nachfolgenden Link-Strategien als eine nützliche Anleitung für Webmaster, die sich dem Thema Off-Page SEO widmen, fungieren. Dabei handelt es sich um Taktiken, die nahezu jeder auf seine Webseite anwenden kann. Ferner erhöhen diese Vorgehensweisen die Anzahl der Seitenbesucher und tragen somit zum Unternehmenserfolg bei. Doch ehe Webseitendesigner dazu übergehen die nachfolgenden Taktiken anzuwenden, sollten sie den Unterschied zwischen einer Strategie und einer Taktik kennen. Die erste bezieht sich auf einen umfassenden Plan, wohingegen die letzte zum Einsatz kommt, wenn die Verwirklichung eines Ziels verfolgt wird. Eine einzige Link-Building-Strategie reicht vollkommen aus. Um jedoch ein erfolgreiches Link-Building für das Off-Page SEO zu realisieren, sollten Webmaster die Strategie als einen Motor betrachten und die Taktik als Werkzeug, welches für ein erfolgreiches Laufen des Motors notwendig ist. Die nachfolgenden neun Taktiken können als Orientierung für das Erreichen einer erfolgreichen Link-Building-Strategie fungieren.

❶ Eine große Reichweite verwirklichen – Outreach-Lücken schließen

Link-Building-Taktiken fokussieren sich als erstes auf eine gute Reichweite. Dabei liegt der Begriff „Outreach", welcher für das Auffinden der Kunden in ihrer Nische und dem Bekanntmachen der Webseiteninhalte steht, im Zentrum. Es gibt jedoch einen Aspekt, den Webmaster nicht vernachlässigen sollten und der besteht darin, dass ein Content nicht zwingend notwendig ist. Die Existenz eines Produkts, einer Dienstleistung, Marke, Persönlichkeit sowie eines Unternehmens reicht aus. Zahlreiche Webseitendesigner verlinken ihre Seiten mit "ahrefs.com", wenn sie eine Link-Building-Strategie verwirklichen wollen. Das liegt an den zahlreichen nützlichen Tools, die Ahrefs seinen Nutzern bietet. Zwei Gruppen sind beim Thema "Eine höhere Reichweite generieren" von Bedeutung. Gruppe eins setzt sich aus Kunden zusammen, welche die Haupt-Keywords eines Produkts, einer Dienstleistung oder eines sonstigen Angebots in ihren Artikeln erwähnen. Die Zweite Gruppe besteht aus Webmastern, die zu ähnlichen Themen Verlinkungen tätigen. Für das Auffinden der ersten Gruppe eignet sich der sogenannte Content Explorer. Das ist ein Tool, in welches das Eingeben eines einzigen Wortes oder Satzes ausreicht, um nahezu eine Milliarde Webseiten mit passenden Ergebnissen zu erhalten. Nach der Ergebnisanzeige können die Nutzer den Punkt „Ein Artikel pro Domain" anklicken. Sie erhalten im Anschluss eine Liste mit einzelnen

Seiten, die sie nutzen können, um ihre Reichweite zu vergrößern. Dafür müssen die Webmaster lediglich die Kontaktinformationen ausfindig machen und den potenziellen Kunden eine E-Mail schicken. Potenzielle Kunden, die zu ähnlichen Themen Verlinkungen durchgeführt haben, können mit einem integrierten Filter, der im Content Explorer vorhanden ist, herausgesucht und kontaktiert werden.

❷ Abwechslungsreiches Gästeblogging mit einem Zusatz

Die Art des Gäste-Bloggings gehört zu den ältesten Link-Building-Taktiken. Außerdem zeichnet sie sich durch eine nachvollziehbare Einfachheit aus. Ein Webseitendesigner verfasst lediglich einen Text für eine andere Seite in seiner Nische. Anschließend veröffentlicht die andere Seite den Artikel und der Verfasser verlinkt anschließend auch zu seiner eigenen Homepage. Die alles entscheidende Frage lautet jedoch: Wie kommen Verfasser an sogenannte Gastbeiträge? Glücklicherweise existieren im Netz zahlreiche Seiten, die auf der aktiven Suche nach Gäste-Bloggern sind. Ein Suchoperator von Google hat sich in der Praxis als besonders wertvoll erwiesen. Die gesuchten Begriffe lauten: „Thema + Titel „Schreib für uns". Interessierte Autoren erhalten auf diese Suchanfrage Seiten, die dazu geschaffen wurden, um Gast-Blogger anzuziehen. Allerdings geht die Mehrheit der Webseitenersteller derartig vor. Deshalb ist die Zeit für eine Wende gekommen. Ein Blog namens "Ahrefsblog" kann als erfolgreiches Beispiel diesen Sachverhalt veranschaulichen. Die Seite akzeptiert interessante Texte der Gäste, obwohl sie nicht darauf hinweist. Um Seiten ausfindig zu machen, die ähnliche Inhalte präsentieren, lohnt sich das Heranziehen des Ahref Content Explorers. Allerdings ist dieses Tool nicht kostenlos. Die Nutzer können auf kostenfreie Tools ausweichen. Bei den genannten Tools handelt es sich um kleine Suchmaschinen. Webseitendesigner können dabei ein beliebiges Wort eingeben und erhalten als Antwort nahezu eine Milliarde Webseiten. Außerdem hilft die Eingrenzung namens „Ein Artikel pro Webseite" bei der Eingrenzung der relevanten Seiten. Als nächstes folgt ein Filtern der unerwünschten Seiten mit den bereits integrierten Filtern. Im Anschluss ist ein „Exportieren" der relevanten Seiten mithilfe einer CSV-Datei notwendig, um die relevanten Seiten zu speichern. Das Ergebnis ist eine übersichtliche Liste, die mehrere Hundert Seiten enthält, die für einen potenziellen Gastbeitrag relevant sind. Der nächste Schritt setzt sich aus der Aktion des In-den-Kontakt-Tretens, der Themen- und Gastbeitragsveröffentlichung zusammen.

❸ Die Vorzüge des gebrochenen Linkbuildings

Das sogenannte Broken Link-Building ist eine weitere Off-Page-Taktik und setzt sich aus drei Schritten zusammen. Der erst Schritt liegt im Auffinden eines gebrochenen Links einer Webseite. Schritt zwei erfordert das Erschaffen eines Internetauftritts, welcher der Quelle mit dem gebrochenen Link ähnelt bzw. eben diesen Mehrwert bietet. Im letzten Schritt bitten Webmaster jeden, der auf den toten Link verweist, lieber auf den neu eigens geschaffenen hinzuweisen. Eine Frage, die sich daraus ergibt, lautet: „Wie können Webmaster bedeutsame Methoden finden, um den Aufbau von defekten Links voranzutreiben? Es existieren zahlreiche Vorgehensweisen, um dieses Ergebnis zu verwirklichen. Der schnellste Weg liegt in der Suche nach defekten Links auf den Internetauftritten der Konkurrenz. Berichte des „Best by-Links im Site Explorer des jeweiligen Tools leisten eine enorme Abhilfe. Diese Berichte geben in der Regel die Anzahl der verweisenden Domains an, die defekte Links beinhalten. Webmaster finden auf diesem Wege eine Menge an relevanten Seiten, die sie für ihre eigenen Zwecke nutzen können.

❹ Nicht verknüpfte Erwähnungen

Hin und wieder können Personen, Produkte, Angebote oder Dienstleistungen von anderen Webseitenbetreibern erwähnt, ohne jedoch von diesen direkt verlinkt zu werden. In der Praxis passiert dies häufiger als gedacht. Die Herausforderung besteht darin, die nicht verknüpften jedoch relevanten Erwähnungen ausfindig zu machen. Der bereits erwähnte Content Explorer von Ahrefs eignet sich als Tool, um nicht erwähnte Verknüpfungen zu finden. Nutzer sollten jedoch im Hinterkopf behalten, dass der clevere Explorer nahezu eine Milliarde Webseiten nach den eingegebenen Begriffen durchsucht. Dies kann in zweierlei Hinsicht von Vorteil sein. Zum einen können Webseitenbetreiber diese Methode heranziehen, um Seiten zu finden, die sich mit einem bestimmten Thema befassen. Zum anderen können sie auf diese Weise prüfen, wie häufig ihre Marke im gesamten Internet erwähnt wird. Doch ein automatisches Anzeigen von relevanten Seiten liefert noch lange keine Antwort auf die Frage, ob die Erwähnungen auch mit der Zielwebseite verknüpft sind. Um das aufzuklären, exportieren Webmaster sämtliche Webseiten und kontrollieren, ob jede einzelne auf den „Unternehmensname.com" verweist. Diejenigen, die den nachfolgenden Trick nicht kennen, verwenden viel Zeit auf die Überprüfung der Verweise. Erfahrene

Administratoren wählen im Content Explorer den Filter namens „Ein Artikel pro Domäne" aus. Dank dieser Auswahl schränkt der Filter die Anzahl der Suchergebnisse um ein Vielfaches ein. Er zeigt von jeder Seite nur eine Webseite an. Anschließend nutzen Webseitendesigner die Funktion „Nicht verknüpfte Domänen markieren", um sämtliche Webseiten ausfindig zu machen, die auf keinen Fall mit der Zielwebseite verknüpft wurden. Danach erfolgt ein Exportieren der markierten Webseiten mit dem Befehl „Exportieren". Dabei sollte das Kontrollkästchen „Nur nicht verknüpfte Domänen markieren" aktiviert werden. Das Ergebnis stellt eine überschaubare Tabelle von Homepages mit nicht verlinkten Erwähnungen, welche die Nutzer in aller Ruhe studieren können.

5. Link Reklamation

Erfolgreiches Link-Building ist komplizierter als gedacht. Es existieren keine zwei Möglichkeiten dieser Aufgabe nachzukommen. Außerdem wissen zahlreiche Webmaster nicht, dass sie ihre Backlinks häufig verlieren. Selbstverständlich kann dieser Prozess verlangsamt werden, indem laufend neue Links kreiert werden. Doch das Wiederherstellen der verlorenen Links ist wesentlich sinnvoller als das Kreieren neuer Links. Die entscheidende Frage an dieser Stelle lautet jedoch, weshalb Links verloren gehen. Für dieses Phänomen existieren zwei Gründe. Erstens wurde der Link von der Linkseite entfernt. Zweitens wurde die komplette Verlinkungsseite deaktiviert. Dies sind jedoch nicht die einzigen beiden Gründe, weshalb Links verschwinden. Wenn der erste Grund zutrifft, liegt das höchstwahrscheinlich an der Inhaltsaktualisierung der Webseite des Autors. In der Regel entfernen diese die Links, da diese in deren Augen ein unbrauchbares Nebenprodukt darstellen.

Nutzer, die feststellen, dass der Link aufgrund einer Überarbeitung des Inhalts entfernt wurde, können sich an den Webseitenbetreiber wenden und eine erneute Verlinkung vorschlagen. Es existieren jedoch zahlreiche weitere Gründe, weshalb Links verloren gehen. Deshalb sollten sich Webseitenbetreiber eingehend mit dieser Thematik befassen und verstehen, weshalb ihr Link auf der jeweiligen Seite nicht auffindbar ist. Doch was passiert mit Links, die nicht mehr vorhanden sind, weil die Linkseite gelöscht wurde? In der Regel liegt die Ursache für diesen Verlust in einer kompletten Löschung der Seite. Wenn dieser Grund zutrifft, können die User nicht viel dagegen vornehmen. Hin und wieder kommt es jedoch vor, dass Seiten aus Versehen gelöscht werden. Webmaster, welche diese Auffassung bei ihrem verloren, gegangenen Link vertreten, sollten sich an den Webseitenbetreiber wenden und ihm diese Information umgehend mitteilen. Meistens stellen sie die Seite sowie den Link erneut her, wenn sie über das Problem unterrichtet wurden. Dieser Hinweis ist in zweierlei Hinsicht wertvoll, da er auch den Grundboden für eine gute Beziehung, aus welcher weitere Verbindungen entstehen können, darstellt.

6 Bezahlte Promotionen für „verknüpfbare Vermögenswerte"

Linkfähige Assets zählen zu den Bestandteilen, die eine Verlinkung Wert sind. Zu diesen gehören unterschiedliche Tools, Rechner, ausführliche, informative und lehrreiche Blogbeiträge, Lernprogramme sowie Infografiken. Es existiert jedoch eine weitere Methode, um die Zielgruppe über die Inhalte zu informieren. Diese erfordert allerdings eine kleine finanzielle Investition. Facebook-Anzeigen, Google AdWords sowie Pinterest-Anzeigen können lediglich gegen eine Bezahlung genutzt werden. Dafür reichen in der Regel zwischen 40 und 90 Euro aus. Inhalte, welche sich mit einer ausgesuchten Zielgruppe decken, profitieren von einer Verknüpfung. Dies kann über die Hauptwebsite, einen Kommentar zu einem weiteren Blog oder über ein Diskussionsforum erfolgen. Bezahlte Promotionen sind aus dem technischen Gesichtspunkt der Betrachtung ein äußerst komplizierter Vorgang. Hierbei werden Algorithmen, die Suchanfragen ausforschen und auf diesen basierend die passenden Suchergebnisse anzeigen, übergangen. Deshalb erscheinen Werbetreibende noch vor den tatsächlichen Ranking-Gewinnern bei den Ergebnissen. Selbstverständlich ist diese Werbung gekennzeichnet. Wenn die Nutzer keinen Werbeblocker in ihrem Browser installiert haben, präsentiert ihnen Google an erster Stelle die Werbung der Werbebetreibenden. Aus diesem Beispiel geht hervor, dass Webmaster die Spitzenposition auch gegen Bezahlung genießen können.

7 Links von minderwertigen Seiten abkupfern

Bei diesem Schritt suchen Webseitendesigner nach anderen Seiten, deren Verlinkungen nicht gut sind. Daraufhin entwickeln sie besseren Content und bitten um Austausch der Verlinkung, durch ihre eigene Webseite. Diese Vorgehensweise ermöglicht eine nischenrelevante Backlink-Strategie.

8 Inhalte wiederverwenden und syndizieren

Die dargestellten Link-Building-Taktiken fokussieren sich jedoch nicht ausschließlich auf eine große Reichweite. Webmaster können auch Links bilden, indem sie ausschließlich lehrreiche Inhalte an geeignete Stellen übermitteln. Infografik-Verzeichnisse, Webseiten, die Videos präsentieren und diese teilen, gehören zu den besagten Inhalten. Die Bedingung für ein erfolgreiches Übermitteln der Inhalte liegt im Verwenden eines geeigneten Formats. An dieser Stelle kommt das Repurposing des interessanten Contents zum Einsatz. Diejenigen, die viel Arbeit in eine vorzeigbare interaktive Grafik gesteckt haben, verspüren des Öfteren den Wunsch diese mit anderen Nutzern, die im Internet unterwegs sind zu teilen. Dafür müssen sie jedoch den erstellten Content in eine universelle Infografik oder ein Video-Format bringen. Im Anschluss an die Formatierung können Webmaster den Inhalt an sogenannte Infografik oder Video-Sharing-Sites übermitteln. Ferner können Webmaster ihre erstellten Inhalte mit weiteren Internetauftritten von Drittanbietern verknüpfen. Somit profitieren interessante Blogbeiträge in mehrfacher Hinsicht, da sie von anderen Webseiten aufgerufen und samt Link zu der Ursprungsquelle geleitet werden. Es gibt Webseiten, die entweder den gesamten Inhalt als Dokument veröffentlichen, andere präsentieren jedoch nur einen Abschnitt und platzieren einen Link, der zum kompletten Post der jeweiligen Seite führt.

❾ Link-Building mithilfe von Community-Sites

Die Mehrzahl der Webmaster begeht den Fehler, sich lediglich auf Verlinkungen, die sich durch die höchste Qualität auszeichnen, zu konzentrieren. Im Prinzip liegen sie mit dieser Vorgehensweise auf der richtigen Seite. Backlink-Profile, die jedoch lebendig und locker wirken sollen, setzen sich nicht nur aus redaktionellen Links zusammen. Clevere Webseitendesigner stellen einen gelungenen Mix aus Backlinks zusammen, indem sie auf Foren, Message Boards, Reddit Quora oder andere Textarten zurückgreifen. Die Diversifikation macht den kleinen, aber feinen Unterschied. Deshalb eignet sich das Verfassen von lesenswerten Blog-Kommentaren als gute Methode, um weitere Zusatzlinks zu kreieren. Blog-Kommentare sind in der Regel sogenannte „Nofollow-Links". Interessante Kommentare profitieren jedoch von einem größeren Publikum. Diese Vorgehensweise kann die Anzahl der Links erhöhen, da ein bestimmter Prozentsatz der Leser, welche die Inhalte präsentiert, auf den Link verweist. Die Herausforderung besteht jedoch im Auffinden guter Blogbeiträge, die einen Kommentar verdienen. Dazu wechseln Webmaster zum Content Explorer und geben einen relevanten Satz oder Suchbegriff ein. Im Anschluss erfolgt eine Filtration der Seiten, die über einen brauchbaren Datenverkehr verfügen. Danach findet eine Kontrolle der Ergebnisse und, ob die jeweiligen Seiten Blog-Kommentare erlauben, statt. Wenn Kommentar-Funktionen zulässig sind, sollten Webmaster einen aufschlussreichen Kommentar verfassen, der die Leser zum Nachdenken anregt und auf die Zielwebseite führt. Des Weiteren erregt das Hinterlassen von gelungenen Blog-Kommentaren die Aufmerksamkeit des Bloggers und kann sich günstig auf die Beziehung auswirken. Außerdem kann er denjenigen, der gute Kommentare geschrieben hat, in weiteren Blogartikeln erwähnen und zur Zielseite verlinken. Die Seite Quora kann ebenfalls beim Link-Building Abhilfe schaffen.

Ist ein Link-Kauf möglich?

Interessierte Webmaster können Links zu einem monetären Preis erwerben. Link-Building ist keine nicht erlernbare Wissenschaft. Sämtliche Taktiken, die in diesem Buch vorgestellt wurden, können bedingungslos auf alle Webseiten angewendet werden. Die eine oder andere Taktik eignet sich für manche Online-Auftritte besser, für andere wiederum weniger. Die Herausforderung der Webmaster liegt im Auffinden der besten Taktik für ihre Webseite.

Die Bedeutung der Domain Authority

Ausschnitt einer Domain Authority aus dem SEO-Tool „MOZ"

Experten raten dringend davon ab, sich lediglich auf Domain Authority-Metriken zu verlassen. Den Fokus auf eine einzige Messgröße wie die Domain Authority (DA) zu legen, liefert unzuverlässige und ungenaue Ergebnisse. Lediglich eine ganzheitliche Betrachtung kann zuverlässige Werte im Hinblick auf die Bewertung von Traffic, Engagement sowie Relevanz liefern. Metriken, welche aus den unterschiedlichen Tools der Suchmaschinenoptimierung entstammen, stecken herbe Kritik ein. Dabei spielt es keine Rolle, ob es sich um Ahrefs, Moz, MajesticSEO oder ein weiteres Tool handelt. Seit ihrer Einführung sind sie ein heiß diskutiertes Thema. Die Domain Authority aus dem bekannten Moz-Tool wurde ebenfalls kritisiert. Moz kündigte zwar ein umfassendes Upgrade der DA-Metrik an und versicherte dabei, dass dieses vertrauenswürdiger sei. Doch die Schwierigkeit liegt in der Verwendungsart der DA. Im nachfolgenden werden einige Grundsatzfragen, welche die Mehrheit der Unternehmen von der Nutzung der DA-Metrik abhalten, erläutert.

Das größte Problem der DA liegt in einem möglichen Metrik-Missbrauch. SEO-Anfänger begehen oft den Fehler, sich lediglich auf eine einzige Metrik zu fokussieren. Sie konzentrieren sich lediglich darauf, ausschließlich Links zu einer gewissen Metrik zu erhalten. Sie sollten sich jedoch darauf konzentrieren, die Anzahl der DAs zu erhöhen. Mittlerweile existiert eine komplette SEO-Branche, welche sich auf den Verkauf von DA-Links spezialisiert hat. Die Herausforderung besteht jedoch in der Bestimmung der Stärke einer Seite oder eines Links mithilfe des Fokussierens auf eine einzige Metrik wie die DA. Diese ist schlichtweg ungenau und unzuverlässig gleichermaßen.

❶ Metriken der Drittanbieter

Momentan verwendet Moz ungefähr 40 Faktoren, um den DA-Scores zu ermitteln. Zu diesen gehört auch die Verknüpfung der Stammdomänen sowie die Vielzahl der gesamten Verknüpfungen. Das Problem besteht darin, dass die zugrundeliegenden Daten nicht komplex genug sind, um die Fähigkeit der Rangfolge einer Domain sowie die wirkliche Link-Stärke, die aus einer Domain entspringt, exakt zu ermitteln. Seit dem Jahre 1993 bewegt sich Google im Internet. Des Weiteren existiert auch ein Grund, weshalb das Unternehmen zum Marktführer im Fachbereich der Suchtechnologie aufgestiegen ist. Experten vermuten, dass die Algorithmen von Google mindestens 200 Faktoren nutzen, um ein Seitenranking zu bewerten. Die permanente, rasante und komplexe Entwicklung von Google beweist, dass diese nicht mit so einem einfachen Metrik-System wie der DA übereinstimmen kann.

❷ Geeignete Vorhersagen treffen

Sowohl eine Zunahme als auch eine Abnahme einer DA hängt laut Experten nicht mit einer Ranking-Änderung zusammen. Es handelt sich dabei lediglich um eine Vorhersage für hypothetische Entwicklungen.

❸ PageRank

PageRank war einst Googles geheime Metrik, die jedoch im Jahre 2000 an die Öffentlichkeit gelangte. Außerdem verlor sie ihren Status. Das lag daran, dass sich die Menschen nicht auf eine einzelne Metrik festlegen wollten. Ferner bestimmt der PageRank allein nicht die determinierte Position einer Webseite. Tatsächlich handelte es sich dabei um ein Zusammenspiel mehrerer Faktoren sowie dem PageRank-Score. Die Konzentration auf eine einzige Metrik diente eher als Ablenkung. Zahlreiche Google-Kenner haben jahrelang beteuert, kein internes Pendant zu der sogenannten Website-Autorität zu haben. Die Tatsache, dass eine einzelne Bewertung für die Wertermittlung nicht genügt, reicht als Beweis für die Notwendigkeit mehrerer Faktoren.

4 Manipulationen sind möglich

Es können nach wie vor bis zu einem bestimmten Grad Rankings bei Google verfälscht werden. Daraus geht hervor, wie einfach DA-Werte manipuliert werden können. Außerdem ist das Fälschen eines DA-Scores kein großes Problem.

5 Relevanz stellt einen entscheidenden Faktor dar

Webmaster, die sich lediglich auf eine Messgröße wie DA verlassen, vergessen die Dinge einzubeziehen, die bei der Link-Erstellung notwendig sind. Sie vergessen hin und wieder sich die Frage zu stellen, ob es sich um einen inhaltlich relevanten Link handelt. Sie stellen sich auch nicht die Frage, ob der Content der dargestellten Seit den Besuchern einen echten Mehrwert bietet. Um diese Fragen zu beantworten, benötigen die Webmaster kein metrisches System. Deshalb sollten sich Webseitendesigner nicht so sehr auf die DA-Metrik konzentrieren, auch wenn eine große Anzahl de Link-Builder sich auf die DA als Grundlage verlassen und diese nutzen, um Links mit einer gewissen Punktzahl zu kreieren. Bei einer ordnungsgemäßen Nutzung können die DA-Metriken sogar wertvolle Hinweise darüber liefern, wieso manche Webseiten ihren Rang nicht verbessern können. Deshalb lohnt sich eine sparsame Nutzung der DA-Metriken. Dennoch sollten die Webmaster die Metriken, die tatsächlich zählen außer Acht lassen. Traffic, Relevanz und Engagement liefern einen Mehrwert. Diejenigen, die sich auf diese drei Metriken konzentrieren, können in vielerlei Hinsicht profitieren.

Die Off-Page Strategie der Konkurrenz berücksichtigen

Um über die Mitbewerber, welche ebenfalls SEO betreiben, ranken zu können, sollten Webmaster ihre Strategie analysieren. Woher bezieht die Konkurrenz ihre Backlinks? Einen entscheidenden Hinweis auf diese Frage liefern Backlinktools von MOZ oder Ahrefs. Mit diesen können die Backlinks die Mitbewerber ausmerzen. Dafür ist ein Anklicken der Back-Linkquellen der Konkurrenz erforderlich. Danach erfolgt ein Verlinken der regionalen Seiten auf die Mitbewerber (diese Taktik lohnt sich im Hinblick das Local SEO), Online-Magazine und Online Zeitungsportale. Allerdings müssen sich Seitenbetreiber dabei die Frage stellen, ob es sich dabei lediglich um gekaufte Gastbeiträge handelt. Auch die Frage, ob die Backlinks themenrelevant sind, sollte geklärt werden. Darüber hinaus ist die Antwort auf die Frage, ob die Seiten hohe Metriken aufweisen, ebenfalls hilfreich. Eine Analyse darüber, ob die Mitbewerber mit Content Marketing arbeiten, ist unabdingbar. All diese Fragen sollten sich Webdesigner stellen, wenn sie eine passende Konkurrenz ausfindig gemacht haben, welche ebenso ein erfolgreiches SEO betreibt. Wenn die analysierten Mitbewerber gute Back-Linkquellen haben, können Webmaster dieselben nutzen. Dies ist dann der Fall, wenn eine regionale Zeitung auf einen Mitbewerber verlinkt. Warum sollte die Zeitung auch nicht auf die Zielseite verlinken? Dafür sollten Webmaster der Online-Zeitung einen Mehrwert bieten. Allerdings sollten Webdesigner streng darauf achten, eine bessere SEO-Strategie zu verwirklichen. Aus diesem Grund sollten sie einen zweiten hochwertigen Backlink von einer weiteren regionalen Online-Zeitung nutzen und zudem themenrelevante Backlinks aus ihrer Nische hinzufügen. Darüber hinaus sollten sich diese durch eine hohe Qualität auszeichnen.

Die unterschätzte Bedeutung des Local SEO

3.0

3.1

DEFINITION

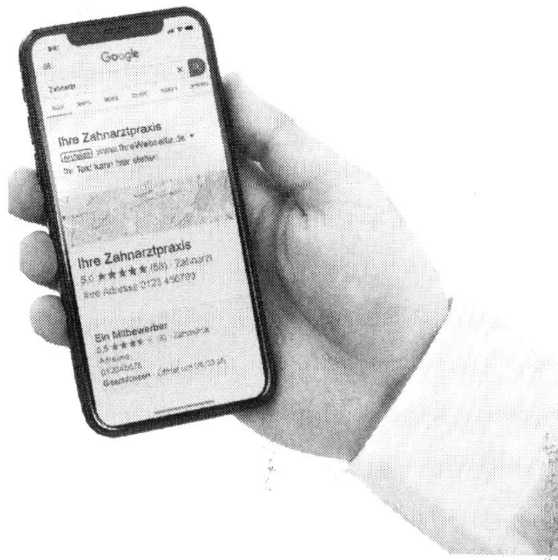

Google MyBusiness Darstellung

Local SEO wird für Firmen und sonstige Organisationen immer bedeutender, weil die Anzahl der Konkurrenzunternehmen permanent zunimmt. Der Nutzeranteil, der mithilfe von mobilen Geräten seine Suchanfragen tätigt, steigt ebenfalls permanent an. Analog dazu wächst die Anzahl der Suchen, die sich durch einen lokalen Bezug auszeichnen. Local SEO zielt darauf ab, Unternehmen sowie deren Online-Auftritte so bekannt wie möglich in den lokalen Suchergebnissen zu machen. Doch ehe dieser Fall eintritt, sind Webmaster dazu gezwungen eine gewisse Anzahl von besonderen Bedingungen des Rankings zu befolgen. Dieses Kapitel geht ausführlich auf die erforderlichen Faktoren ein.

Für Unternehmen, die sich durch ein örtlich begrenztes Tätigkeitsfeld auszeichnen, ist es äußerst wichtig, in den lokalen Suchergebnissen von Google mit ihrer Präsenz zu glänzen. Lokale Suchanfragen steigen, dank der hohen Nutzerzahl der mobilen Geräte, an. Mobile Geräte liefern den Beweis für diesen Trend. Lediglich eine geringe Anzahl der User stellt örtliche Suchanfragen via Desktop. Die meisten Nutzer stellen ihre Anfragen, wenn sie unterwegs sind. Klassische Beispiele hierfür sind: „Wo ist die nächstgelegene Tankstelle?" „Wo befindet sich eine Notapotheke?" „Bis zu welcher Uhrzeit kann ich in meiner Wohngegend Lebensmittel besorgen?" Aufgrund dieser Entwicklung beinhalten mittlerweile nahezu 25 Prozent sämtlicher Suchergebnisse ein sogenanntes „Local Pack". Das ist eine Box, die ausgesuchte und örtlich bedeutsame Suchergebnisse extra prominent präsentiert. Leider ist der Raum eines Local Packs gering. In diese Box schaffen es in der Regel nicht mehr als fünf Unternehmen, Arztpraxen, Dienstleister oder sonstige Organisationen. Örtliche Suchergebnisse erscheinen bei Google auch an anderen Stellen.

Zu diesen gehören das Local Panel, die Google Maps sowie die organischen Suchergebnisse.

Das Lokale Panel erscheint auf der rechten Seite des SERPs, welches eine Abkürzung für den englischen Begriff Search Engine Result Page darstellt. SERPs veranschaulichen Ergebnisse von Suchanfragen. Lokale Panels hingegen zeigen Informationen über die Organisation an. Dazu gehört die Adresse, die Telefonnummer, Kundenbewertungen und eine Karte, welche die Lage veranschaulicht. Um an den genannten Standpunkten zu erscheinen, müssen die Verantwortlichen die notwendigen Rankingfaktoren, welche der nachfolgende Abschnitt intensiv darstellt, kennen und anwenden. Lokale Panels stellen ferner Informationen für lokale Firmen, Organisationen sowie andere Einrichtungen über eine Tab-Navigation dar. Diese ermöglichen Nutzern einen schnellen Zugang zu den gewünschten Auskünften. Diejenigen, die nach einem Restaurant in ihrer Nähe suchen, können mit Hilfe des „Menüs“ direkt auf die Speisekarte klicken.

3.2

WICHTIGE RANKINGFAKTOREN DES LOCAL SEO

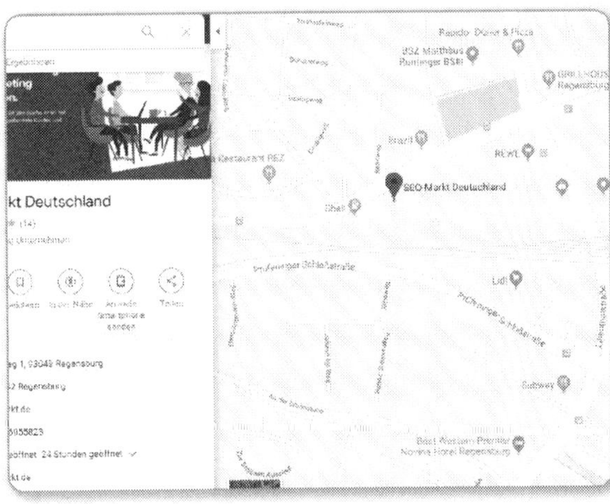

Google MyBusiness Darstellung

Analog zu der organischen Suche nehmen auch bei den lokalen Suchanfragen wichtige Faktoren einen entscheidenden Einfluss auf das Ranking ein. Der US-Dienstleister namens Moz hat im Jahre 2017 eine Studie diesbezüglich durchgeführt. Der wichtigste Faktor des Local SEO nennt sich Google My Business. An zweiter Stelle stehen die Backlinks. Den dritten und vierten Rang belegen die ON-Page-Optimierung und die Citations. Anschließend folgen die Rezensionen, das Nutzerverhalten, die Personalisierung sowie die sozialen Faktoren. Aus der Studie geht außerdem hervor, wie stark sich die Rankingfaktoren, mit denen der organischen Suche decken. Ferner bestätigt die Studie die Bedeutung der ON-Page-Optimierung und der Backlinks. Besondere Bedeutung kommt jedoch den sogenannten Citations, Bewertungen sowie Google My Business zu.

❶ Google My Business – ein Grundbaustein für den Erfolg bei der lokalen Suchmaschinenoptimierung

Google My Business steht für eine Funktion von Google, die Usern lokale Suchergebnisse präsentiert. Dabei suchen die Individuen nach Unternehmen, Dienstleistern oder Restaurants, die sich in einer unmittelbaren Nähe ihres gegenwärtigen Standortes befinden. Lokale Suchergebnisse erscheinen an unterschiedlichen Stellen der Google Maps sowie der Google-Suche. Diejenigen, die den Suchbegriff „Griechisches Restaurant" eingeben, erhalten in der Regel lokale Suchergebnisse. Anschließend präsentiert die Ergebnisseite passende Restaurants, die in der Nähe der Suchenden liegen. Unternehmen, die in der lokalen Suchergebnisseite nicht auftauchen, sollten ihre Dateneingabe überprüfen und anschließend die nachfolgenden Schritte bei Google My Business durchführen. Dadurch erhöhen sie die Sichtbarkeit bei bestehenden und potenziellen Kunden um ein Vielfaches.

❷ Daten vollständig eingeben

Lokale Suchergebnisse präferieren die bedeutungsvollsten Resultate für die gestellte Suchanfrage. Dabei punkten definitiv Unternehmen, die sowohl lückenlose als auch exakte Informationen angegeben haben. Denn sie können den Anfragen besser zugeordnet werden als Organisationen die wichtige Felder leer lassen. Zuerst erfolgt jedoch eine Registrierung, ehe im Anschluss die Dateneingabe stattfindet. Unternehmen, die sich bei Google My Business registriert haben, können im Anschluss nicht nur ihren Standort, die zugehörige Branche, eine aktuelle Telefonnummer, sondern auch die Öffnungszeiten nennen sowie Bilder hochladen. Vollständige Dateneingaben verbessern erheblich die Rankingchancen des jeweiligen Unternehmens in den lokalen Suchergebnissen.

❸ Standortbestätigung durchführen

Eine Verifikation des My Business-Eintrags ist unabdingbar. Deshalb schickt Google, in den meisten Fällen, eine Postkarte an die hinterlassene Adresse, um die Existenz des angegebenen Standortes sicherzustellen. Mit dieser Vorgehensweise will Google der Manipulation sowie der Angabe von fehlerhaften Adressen entgegenwirken. Aus diesem Grund müssen Unternehmen ihre Standorte dringend bestätigen. Die Verifikation des geografischen Ortes, an welchem sich die Organisation befindet ist auch notwendig, damit User, welche die beiden Google-Dienste, wie Google-Maps oder Google-Suche in Anspruch nehmen, die Unternehmen auch tatsächlich finden.

❹ Aktualität der Öffnungszeiten regelmäßig kontrollieren

Die Datenpflege der Öffnungszeiten ist besonders wichtig, da Nutzer, die ein Unternehmen via Local SEO ausfindig machen, wissen möchten, ob sich ein Weg zu der angegebenen Organisation lohnt. Deshalb müssen die Verantwortlichen eines Unternehmens die Öffnungszeiten eingeben. Außerdem sollten sie ihre Kundschaft auf die speziellen Öffnungszeiten an Sonn- und Feiertagen hinweisen.

❺ Rezensionen bearbeiten und auf diese reagieren

Verantwortungsbewusste Unternehmen sind sich über die Bedeutung des Kundenkontakts für den Fortbestand einer wirtschaftlich ausgerichteten Organisation im Klaren. Deshalb interagieren die Kundenbetreuer mit ihren Abnehmern, indem sie eine klare Stellung zu deren Rezensionen beziehen. Die Beantwortung der Kundenbewertungen signalisiert die Wertschätzung des Unternehmens gegenüber seiner Kundschaft. Außerdem verbessern auserlesene und positive Kundenbewertungen die Sichtbarkeit einer Firma in der lokalen Suche. Ferner erhöhen bejahende Rezensionen die Wahrscheinlichkeit eines weiteren Kundenzulaufs. Deshalb stellt ein Link zu einer ausgewählten Webseite, auf der Besucher und Kunden Bewertungen hinterlassen können, eine notwendige Bedingung, die zum Unternehmenserfolg beiträgt, dar.

❻ Den Eintrag mit Fotos zum Leben erwecken

Erfahrene Unternehmer wissen, wie sie ihrem Eintrag eine persönliche Note verleihen. Sie verzieren ihre Notizen mit Fotos. Diese helfen den Kunden bei der optischen Verinnerlichung der Firma. Eine Unternehmensmarke ist letztendlich ein Bild, welches dauerhaft in der Wahrnehmung der Abnehmer verankert ist. Aus diesem Grund zahlt sich ein Schmücken des Eintrags mit dem Unternehmensgebäude und dem Firmenlogo in doppelter Hinsicht aus. Des Weiteren signalisieren ansprechende Bilder den Kunden, genau das gefunden zu haben, wonach sie gesucht haben.

7 Relevanz steht für die Übereinstimmung des Ergebnisses und der Suche

Der Ausdruck „Relevanz" symbolisiert die Übereinstimmung des lokalen Eintrags mit der Suchanfrage der Nutzer. Eine detaillierte sowie lückenlose Informationsbereitstellung erhöht die Wahrscheinlichkeit, bei den Suchanfragen als relevantes Unternehmen eingestuft zu werden.

8 Die Entfernung entscheidet mitunter über den Besuch des Unternehmens

Die Entfernung steht für die Distanz zwischen dem Standort der Suchanfrage und des jeweiligen Standortes zum Unternehmen. Wenn die Anfrage jedoch keinen aktuellen Standort aufweist, erfolgt eine Berechnung der Entfernung mithilfe der Daten, die über den Nutzer und dessen gewöhnliche Aufenthaltsorte bekannt sind.

Bekanntheitsgrad – ein entscheidender Faktor bei den Suchanfragen

Unternehmen, die sich durch einen hohen Bekanntheitsgrad auszeichnen, tauchen in der Suchergebnisseite eher auf als solche, die den Nutzern nicht bekannt sind. Berühmte Handelsmarken, Hotels, Restaurantketten übernehmen die Führungsrolle bei den Suchergebnissen. Die Bekanntheit entsteht teilweise im Internet. Ihr Ursprung liegt in den zahlreichen Links, Artikeln sowie Verzeichnissen. Auch die Google-Bewertungen der Besucher entscheiden über den Ranking-Status der lokalen Suchergebnisse. Je größer die Anzahl der Rezensionen ist, desto besser schneidet das bewertete Unternehmen beim Ranking ab. Ferner ist die Lage der Firma in den Suchergebnissen entscheidend. Außerdem gelten die sogenannten Best Practices, die bereits erläutert wurden, für das ON-Page-SEO auch in der Hinsicht auf die bestmögliche Gestaltung der örtlichen Suchergebnisse.

Ermittlung des Rankings der lokalen Suchergebnisse

Entfernung, **Relevanz** und **Bekanntheit** sind somit die drei entscheidenden Faktoren, die über den Rang beim Ranking der Google-Suchergebnisse entscheidend sind. Eine Kombination dieser drei Faktoren liefert den Nutzern relevante Treffer, welche deren Suchanfrage am nächsten stehen.

3.3

BACKLINKS – EIN UNVERZICHTBARER BESTANDTEIL IM LOCAL SEO

Google zählt auch bei der lokalen Suche auf angegebene Backlinks. Dabei spielen die Details eine große Rolle. Das Ziel besteht darin, zahlreiche auserlesene sowie aktuelle Backlinks von verschiedenen Domains aufzubauen, die des Weiteren einen örtlichen Zusammenhang oder Branchenbezug aufzeigen. Optimal sind aus diesem Grund Links von anderen Organisationen wie Lieferanten und Abnehmern aus der Gegend, welche in einer ähnlichen oder gar selben Branche tätig sind. Backlinks beinhalten ferner Ankertexte. Diese erfordern ebenfalls eine gewissenhafte Pflege, da sie Google ein weiteres Signal für Relevanz senden. Die Grundregeln, welche für die ON-Page-Optimierung erläutert wurden, besitzen sowohl für die organische als auch für die lokale Suche Gültigkeit. Experten teilen jedoch die Anzahl der relevanten Faktoren in mehrere Bereiche auf. Dabei steht die technische Suchmaschinenoptimierung an erster Stelle, denn sie betrifft die Ladezeit, die verschlüsselte Übertragung via https sowie die Mobilfreundlichkeit. Im Hinblick auf die Gestaltung dürfen sich die Webmaster ebenfalls keine Patzer erlauben. Die Texte überzeugen mit ihrer hochwertigen Qualität und sind mit professionellen Bildern versehen. Ferner folgt die Seitenstruktur einer logischen Aufteilung und ist in sinnvolle Kategorien gegliedert. Nutzer bevorzugen eine einwandfreie Bedienbar-, Übersichtlich- sowie Lesbarkeit. Der letzte Aspekt bezieht sich insbesondere auf Menschen mit einer Sehbehinderung. Sie freuen sich über Seiten, deren Inhalte auch sie, trotz Behinderung nachvollziehen können. Webmaster, welche die genannten Kriterien beim lokalen SEO einkalkulieren, profitieren von einem besseren Ranking-Ergebnis. NAP ist eine Abkürzung für die Begriffe „Name, Address and Phone". Diese Daten stellen eine wichtige Besonderheit im Local SEO dar. Es ist von Vorteil, diese auf jeder Seite anzugeben und einheitlich zu gestalten.

Local Citations – ein sinnvolles Marketinginstrument für lokale Organisationen

Diejenigen, die sich eindringlich mit der Suchmaschinenoptimierung für lokal aktive Organisationen befassen, stoßen irgendwann auf den Ausdruck „Local Citations". Gebietsmäßiges Online-Marketing ist sowohl für kleine als auch für mittelständische Unternehmen (KMUs) unabdingbar. Jeder einzelne Klick erhöht die Wahrscheinlichkeit, einen weiteren Kunden zu gewinnen. Der Begriff Local Citations verlangt jedoch eine ausführliche Definition und Erklärung der

Funktionsweise beim Local SEO. Im Nachfolgenden erfolgt eine ausführliche Erläuterung des Fachbegriffs.

3.4

DEFINITION DES BEGRIFFS LOCAL CITATIONS

Local Citation steht für die Nennung einer Organisation inklusive lokaler Daten wie Name, Adresse und Telefon im Internet. Citations erscheinen auf sämtlichen Webseitenarten. Blogs, Presseseiten, Foren oder Seiten von Verbänden präsentieren Local Citations. Dennoch befinden sie sich bevorzugt auf den Seiten der digitalen Branchenbücher. Zu diesen gehört unter anderem die Webseite GelbeSeiten.de, meineStadt.de, Golocal.Google sowie Yelp. Google bezieht seine Informationen teilweise aus den genannten Branchenportalen. Mittlerweile existieren zahlreiche verschiedene Verzeichnisse. Sie können branchen- oder Städte übergreifend sein. Des Weiteren sind auch branchenspezifische und lokal ausgerichtete Portale präsent. Unternehmen müssen jedoch Rücksicht darauf nehmen, ob ihre Organisation für einen Eintrag bei einer bestimmten Webseite geeignet ist.

3.5

DER ZUSAMMENHANG ZWISCHEN DEN LOCAL CITATIONS UND DER LOKALEN SUCHE

Google ist die meistgenutzte Suchmaschine Deutschlands und genießt deshalb einen besonderen Status. Aus diesem Grund verfolgt Google das Ziel, den Suchenden lediglich die besten Ergebnisse bei der Suche nach einem lokalen Dienstleister oder Geschäft anzuzeigen. Um diesen Vorsatz der bestmöglichen Ergebnisse zu erreichen, hat Google ein eigenes Branchenbuch samt lokalen Karten wie den Google Maps eingeführt. Außerdem zieht die beliebteste Suchmaschine Deutschlands, um relevante Daten eines Unternehmens zu ermitteln, die eingetragenen Informationen aus den Branchenverzeichnissen und -portalen. Google kontrolliert die Korrektheit der Daten und ermittelt ferner den Unternehmensstandort mithilfe der Einträge. Je häufiger eine Firma samt gleichartigem Namen, Anschrift und Telefonnummer in den genannten Verzeichnissen auftaucht, umso weniger zweifelt Google die Existenz des Geschäfts oder die Richtigkeit der Daten an. Ein häufiges Erscheinen eines

Unternehmens steht für dessen Aktivität und Authentizität. Außerdem trägt ein regelmäßiges Erscheinen auf die Suchanfrage zu einem besseren Platz beim Ranking bei.

Deshalb sollten Unternehmen die nachfolgenden Regeln beachten, um ihren Erfolg beim Ranking zu steigern oder auch zu halten.

- Unternehmensnamen sollten stets identisch dargestellt werden. Wenn es einen Firmenzusatz wie GmbH, OHG oder GbR gibt, dann müssen die Verantwortlichen diesen bei jedem Eintrag angeben.
- Angegebene Kontaktnummern dürfen nicht voneinander abweichen. Dazu gehört auch eine strikte Einhaltung der Leerzeichen.
- Veraltete Adressen oder ungültige Öffnungszeiten sind ebenfalls deplatziert.

Online Branchenbücher beeinflussen somit geradewegs das Google Ranking. Das nachfolgende Beispiel dient der Veranschaulichung einer notwendigen korrekten Dateneingabe.

Im Internet existiert eine lange Liste der Branchenverzeichnisse. Außerdem kann nicht jede Organisation auf alle Portale zurückgreifen. Unternehmen sollten nicht das Ziel verfolgen, in sämtlichen Verzeichnissen eine Citation zu hinterlassen. Es kommt eher auf eine selektive und richtige Auswahl eines oder auch mehrerer geeigneter Portale an. Im Marketing erzielen Unternehmen, die eine klare Strategie wie die Preisführer- oder Qualitätsstrategie verfolgen, bedeutende Vorteile gegenüber der Konkurrenz. Dasselbe gilt bei der Nutzung von Local Citations. Die Strategiewahl bildet einen Grundbaustein für den Erfolg. Im ersten Schritt sollten die Verantwortlichen prüfen, mit welchen Daten sie im Internet gelistet sind. "Omnea" hat sich in der Praxis als eine hilfreiche Seite zur Kontrolle der bereits vorhandenen Angaben bewährt. Diese Seite stellt einen gebührenfreien Sofort-Check, der den Nutzern anzeigt, in welchen Branchenverzeichnissen ihre Organisation eingetragen ist, zur Verfügung.

Local Citations sind für kleine, mittlere und große Firmen wichtig. Das trifft vor allem dann zu, wenn die jeweiligen Organisationen an mehreren Standorten vertreten sind. Unternehmen, die von einer potenziellen Kundschaft aufgefunden werden möchten, müssen mit einer guten Online-Präsenz punkten. Google bevorzugt einen Standort, der sich durch mehrere Local Citations auszeichnet, eher als diejenigen, die über eine geringe Anzahl von Citations verfügen. Ein Linkverweis auf die Unternehmenswebseite ist nicht erforderlich, da die Nennung der Organisation samt Namen, Anschrift und Telefonnummer vollkommen ausreicht. Experten empfehlen den

Unternehmen jedoch bei der Nutzung der Citations viel mehr auf die Qualität als auf die Quantität zu achten. Ferner vertreten Fachleute nach wie vor die Auffassung, dass die Branchenrelevanz eine entscheidende Rolle im Hinblick auf die Citations spielt. Diese können in verschiedenen Arten im Netz auftreten. Es existieren Online-Citations ohne Link. Dabei handelt es sich um Organisationen, die in einem Portal aufgeführt sind, jedoch keinen Backlink als Hinweis beinhalten. Wohingegen die Citations mit Backlink auch einen Backlink zur Unternehmenswebseite enthalten. Offline-Citations erwähnen Firmen in Offline-Medien wie Tageszeitungen oder sonstige Printmedien. Dadurch können Einwohner den Namen in Google eingeben sowie deren Google MyBusiness Eintrag öffnen. Somit kommen lokale Besucher auf den MyBusiness Eintrag. Google verfügt des Weiteren dank GPS über die Position der Unternehmen. Aus diesem Grund wirken sich Offline-Citations passiv positiv auf das Ranking aus.

Alle drei Versionen können einen Effekt auf das lokale Ranking erzielen. Ihr Einfluss hängt jedoch von dem Medium, auf welchem sie präsent sind, ab. Am hilfreichsten sind nach wie vor Citations mit Öffnungszeiten und einer vollständigen Dateneingabe. Als Quelle für die richtige Verzeichnisauswahl können Unternehmen branchenspezifische Verzeichnisse oder Nischenseiten auswählen. Dabei sollten diese auf das Thema, welches sich mit den Angeboten und Dienstleistungen der jeweiligen Organisation deckt, abgestimmt sein. Offline-Citations wie Erwähnungen in den Gelben Seiten sowie Kleinanzeigen bei einer Tageszeitung können ebenfalls einen positiven Effekt auf das lokale Ranking erzielen. Sie versichern auf diese Weise den Suchmaschinen, dass sie auch wirklich am genannten Ort existieren.

Die Wahl des richtigen Branchenverzeichnisses im Hinblick auf Local Citations

Firmeneinträge wirken sich positiv auf die Online-Präsenz einer Firma aus. Branchenportale dienen demselben Zweck wie die einstigen gedruckten Gelben Seiten. Konsumenten finden in den zahlreichen Einträgen, Ärzte, Maler oder Anwälte, die sich in ihrer unmittelbaren Nähe befinden. Allerdings unterscheiden sich die Branchenverzeichnisse im Internet erheblich in ihrer Gestaltung. Es existieren Portale, die lokal ausgerichtet sind, Verzeichnisse, die sich auf bestimmte Branchen festgelegt haben und Plattformen, welche die beiden Komponenten sinnvoll miteinander verknüpfen. Unternehmen, die herausfinden möchten, welches Verzeichnis am ehesten zu ihnen passt, können verschiedene Keyword-Kombinationen bei Google eingeben. Ein Beispiel hierfür wäre „Steuerberater + Stuttgart“, „Steuerhilfe + Stuttgart“,

„Familienrecht + Stuttgart". Nach einer eingehenden Überprüfung der ersten Seiten, die gute Suchergebnisse liefern, erhalten Unternehmen einen guten Überblick über Verzeichnisse, die oft auftauchen und mit einer guten Positionierung punkten.

Webmaster, die sich die Suchergebnisse der ersten paar Seiten anschauen, erhalten einen Überblick, welche Portale am häufigsten auftauchen und besonders gut positioniert sind.

1. Überregionale und branchenübergreifenden Plattformen sind für die meisten Betriebe äußerst interessant, denn sie listen sämtliche Branchen in allen Städten auf. Anschließend sortieren sie diese sorgfältig. Zu diesen gehören die "GelbeSeiten.de" oder "MeineStadt.de".
2. Daneben existieren regionale und branchenübergreifende Verzeichnisse. Es gibt Regionen, in welchen überdurchschnittlich viele dieser Plattformen präsent sind, andere hingegen weisen nur eine geringe Anzahl an Portalen auf. Somit ist das Unternehmen von der Region, in welcher es platziert ist, abhängig. AachenerBranchen.de sowie DieMuenchner.de gehören zu der Gattung der regionalen und zugleich branchenübergreifenden Verzeichnisse.
3. Außerdem existieren Plattformen, die lediglich Auskunft über ausgewählte Branchen liefern. Sie haben sich jedoch auf keine Region festgelegt, sondern beziehen sich das komplette nationale Gebiet. Ein klassisches Beispiel für ein solches Portal ist die "Zahnarzt-Empfehlung.de".
4. Regional- sowie branchenspezifische Portale stellen eher eine Ausnahme dar. Sie sind im Vergleich zu den drei vorangehenden Portalen äußerst rar. Dennoch existieren nennenswerte Beispiele wie "Heilpraktiker-Dresden.de oder Augsburg-Elektriker.de".

Um bei den Local Citations erfolgreich zu sein, müssen Unternehmen nach einem oder auch mehreren geeigneten Branchenverzeichnissen suchen. Die Mehrheit der Plattformen ermöglicht den Nutzern gebührenfreie Basiseinträge. Für die erweiterten Premiumeinträge müssen die Unternehmen jedoch finanziell aufkommen. Die Inanspruchnahme des Letzteren lohnt sich jedoch nur, wenn das Branchenverzeichnis ein stark frequentiertes ist. Premiumeinträge profitieren jedoch nicht von einem besseren Rankingfaktor. Die Angabe des Firmennamens, der Anschrift und der Kontaktdaten reicht vollkommen aus. Außerdem hängt die Wahl des geeigneten Verzeichnisses von dem Unternehmensstandort und der jeweiligen Branche ab.

Die nachfolgende Liste zeigt die relevantesten Branchenportale, die sich an einer großen Beliebtheit unter den Unternehmen erfreuen.

1. Gelbe Seiten
2. Stadtbranchenbuch
3. KennstDuEinen
4. Das Örtliche
5. Qype
6. Meine Stadt
7. Pointoo
8. Das Telefonbuch
9. Cylex
10. City-Map

3.6

DIE ROLLE DER REVIEWS UND BEWERTUNGEN BEIM LOCAL SEO

Reviews und Bewertungen spielen beim Local SEO eine bedeutende Rolle. Das Marketing berichtet über das Verhalten von Kunden und gliedert dieses in Erfahrungs-, Such- und Vertrauenseigenschaften.

Die Erfahrungs- und Vertrauenseigenschaften können Individuen erst bewerten, wenn sie eine bestimmte Dienstleistung oder ein Angebot eines Unternehmens in Anspruch genommen haben. Deshalb sind die Reviews für potenzielle Kunden wichtige, da sie darüber entscheiden, ob sie den angebotenen Service eines Unternehmens nutzen werden. Erfahrungsberichte sind ein sicherer Indikator für die Qualität der Dienstleistung und der Produkte einer Firma. Dabei sind nicht nur die Rezensionen, die bei Google erscheinen bedeutend, sondern auch solche, die bei Portalen wie Trust Pilot oder Yelp angezeigt werden. Käufer und Nutzer können auf zahlreichen Webseiten ihre individuelle Meinung abgeben. Amazon, Facebook Review and Rating, TripAdvisor oder Yahoo! Local Listings gehören zu den Seiten, die glaubwürdige Rezensionen wiedergeben.

Die eigene Unternehmenswebseite liefert auch wertvolle Hinweise für Kundenbewertungen. Allerdings erfordern diese eine Nutzung von strukturierten Daten. Nur dann ist Google in der Lage, diese auch zu bewerten. Diese werden später näher erläutert. Bewertungen fungieren analog zu Backlinks als Empfehlungen für eine Webseite. In letzter Zeit haben sich im Internet falsche Bewertungen gehäuft. Solche Täuschungen verstoßen jedoch gegen die Google-Richtlinien. Mittlerweile kann Google die gefälschten Bewertungen erkennen und dieser einer Penalty zuordnen, was wiederum ein Ausschließen der jeweiligen Organisation vom lokalen Ranking zur Folge hat. Um von zusagenden Bewertungen zu profitieren, können Unternehmen auf zahlreiche legitime Methoden zurückgreifen. Dazu gehört unter anderem die Bitte um eine Produktbewertung nach dem Kauf. Online-Shops lassen ihren Kunden E-Mails mit der Bitte die Zufriedenheit über den letzten Kauf zum Ausdruck zu bringen, zukommen. Zahlreiche Unternehmen kontaktieren auch des Öfteren ihre zufriedene Kundschaft und bitten diese um Mithilfe bei einer Rezension. Große Versandhäuser motivieren ihre Abnehmer, ein Feedback auf ihrer Homepage zu hinterlassen, indem sie ihnen nach einer bestimmten Anzahl von Bewertungen einen Gutschein mit einem monetären Wert zukommen lassen.

Positive Bewertungen sind beim Local SEO wichtig, da potenzielle Kunden sich auf diese weitestgehend verlassen und in Abhängigkeit von den Erfahrungsberichten beschließen, die Dienstleistung oder das Produkt des Unternehmens zu nutzen.

3.7

STRUKTURIERTE DATEN UND IHRE ROLLE BEIM LOCAL SEO

Strukturierte Daten symbolisieren inhaltliche Hervorhebungen ausgesuchter Elemente auf einer Homepage. Diese wurden bereits im Kapitel XY (Platzhalter für korrekte Nummerierung) ausführlich erläutert. Darüber hinaus helfen unterschiedliche HTML-Tags sowie Attribute bei der Kennzeichnung. Daten wie Öffnungszeiten, Unternehmensname, Anschrift, Telefonnummer, Produktbeschreibungen, Preise und Reviews gehören ebenfalls zu den wichtigen Kennzeichnungsattributen. Die genannten Daten stellen zwar keinen Rankingfaktor in den Suchmaschinen dar, können jedoch die Wahrscheinlichkeit auf mehrere Klicks erhöhen. Webmaster, die ihren HTML-Code nicht ändern möchten, um die strukturierten Daten hervorzuheben, können den Google Data Highlighter nutzen. Dabei handelt es sich um ein Tool, das sich in der Search Console von Google befindet. Eine praktische grafische Oberfläche verhilft beim Markieren einzelner Elemente auf der Webseite. Nach einer erfolgreichen Integration der strukturierten Daten, erfolgt eine Kontrolle des Ergebnisses mithilfe des Structured Data Testing Tools.

3.8

STANDORT DES NUTZERS UND DIE UNTERNEHMENSENTFERNUNG SIND ENTSCHEIDEND

Die genannten Rankingfaktoren sind beim Local SEO nur dann von Bedeutung, wenn die Distanz zwischen dem Standort des Nutzers und dem gesuchten Unternehmen nicht zu weit ist. Organisationen, deren Anschrift außerhalb von Städten liegt, schneiden bei den Suchergebnissen schlechter ab. Sie tauchen für Anfragen nach „Keyword" oder „Stadt" selten bei Local Packs auf. Googles Opossum-Update, hilft die benachteiligten Unternehmen besser in die Suchanfragen zu integrieren. Dennoch gewinnen die ortsansässigen Unternehmen in den Suchergebnissen. Aus diesem Grund empfehlen Experten die Nutzung einer physischen Anschrift innerhalb eines nahegelegenen Ortes, für welchen die Firmen in den lokalen Ergebnissen auftauchen möchten.

Offline-Aktionen sind dabei nicht zu vernachlässigen

Google zielt darauf ab, den Usern Resultate zu liefern, welche für sie einen echten Mehrwert darstellen. Die Klickrate dient als Kontrollfaktor für diesen Sachverhalt. Ergebnisse, die bei der Suche weit oben auftauchen, von den Nutzern dennoch ignoriert werden, stimmen vermutlich nicht mit deren Erwartungen überein. Somit müssen andere Suchergebnisse in den oberen Rängen platziert werden. Google kann jedoch bei der lokalen Suchoptimierung auf weitere Methoden zurückgreifen, um eine Qualitätsmessung durchzuführen. Angenommen, ein User erhält ein lokales Suchergebnis und klickt dieses an. Das kann der nächstgelegene Bioladen sein. Wenn im Anschluss der Nutzer den Laden besucht und sich dort für eine Weile aufhält, erhält Google die Information, den Erwartungen des Nutzers mit den gelieferten Suchergebnissen entsprochen zu haben. Im Anschluss kann der Kunde den Laden auf Google My Business bewerten. Das Smartphone sendet an Google das Standortsignal. Deshalb weiß Google Bescheid, ob der Nutzer tatsächlich im Laden war. Wenn der Kunde nach einer gewissen Zeit erneut den Laden aufsucht, bewertet Google den weiteren Einkauf als positiv. Das bedeutet, dass der Nutzer zufrieden war und der Laden den Kundenanforderungen gerecht wird. Der Laden kann aus diesem Grund einen besseren Platz beim Ranking ergattern. Das genannte Beispiel veranschaulicht wunderbar, wie eng in der lokalen Suche die Grenzlinien zwischen der Online- und Offlinewelt beieinander sind. Aus diesem Grund bestimmt nicht nur die Eigenschaft der

Webseite und der My Business-Eintrag den Platz beim Ranking, sondern auch die Beschaffenheit der angebotenen Produkte sowie Dienstleistungen. Um von den Nutzern gefunden zu werden, müssen sich Unternehmen jedoch in den Online-Branchenverzeichnissen eintragen. Im Nachfolgenden gibt es eine Erklärung für eine erfolgreiche Umsetzung.

3.9

DAS ERFOLGREICHE KREIEREN UND OPTIMIEREN VON LOCAL LANDING PAGES

Eine lokale Landing Page verfolgt das Ziel, die richtigen Kunden zu erreichen. Es existieren Webseiten, die mehr als 100.000 Besucher pro Monat verzeichnen, aber dennoch einen geringen Umsatz erzielen. Im Gegensatz dazu erfreuen sich andere Seiten über einen deutlich höheren Gewinn, obwohl lediglich 20.000 potenzieller Produktabnehmer die jeweilige Seite aufsuchen. Die Begründung für dieses paradoxe Beispiel liegt im richtigen Erkennen und Auffinden der Zielgruppe. Dies geht vor allem aus der praktischen Standortaktivitätskarte hervor. Die sogenannte Peergroup ist für die Seitenoptimierung relevant, da sie relevante Informationen, wie die Wünsche der Kunden, enthält. Der Begriff Peergroup steht für eine Gruppe von Personen, die sich durch gemeinsame Interessen, Herkunft, Alter sowie einen ähnlichen sozialen Status auszeichnen. Für den Einzelnen stellt die Gruppe eine Orientierung dar. Die Kenntnis des Standortes der Webseitenbesucher lohnt sich in jeglicher Hinsicht. Denn daraus ergeben sich zwei Fragen. Die erste lautet:

Von welchen Standorten soll die potenzielle Kundschaft stammen? Und zweitens: Wie lauten die Namen der Standorte, von welchen die aktuellen lokalen Kunden kommen? Nach der Beantwortung dieser Fragen, können sich Webmaster ein eindeutiges Ziel setzen, welches die Erfüllung der Kundenbedürfnisse ermöglicht. Unternehmen, die lediglich an einem einzigen Standort vertreten sind, brauchen nur eine Adresse sowie eine lokale Telefonnummer. Ferner erhalten die Kunden die Informationen, ob sie direkt bei der Organisation vorbeikommen können. Die Möglichkeit einer direkten Kontaktaufnahme stärkt das Kundenvertrauen in das jeweilige Unternehmen. Um herauszufinden, wie die Namen der Standorte lauten, von welchen die Kunden kommen, reicht eine Anmeldung beim zuvor angelegten Google Analytics Konto. Anschließend führt ein Pfad, der aus fünf Schritten besteht zum Ziel. Als erstes folgt das Aufsuchen des Google Analytics Dashboards, im nächsten Schritt das Anvisieren der Zielgruppe, im Anschluss das Selektieren von deren Interessen, des Punktes Geo und nach dieser Auswahl erhalten die Webmaster die Information Standort. Die genannten Informationen helfen bei der Gestaltung der zukünftigen Kampagnen und des Textes auf der Landing-Page. Allerdings sollten Unternehmen, die an mehreren Standorten vertreten sind, beim Verfassen ihrer Texte und der Strukturierung ihrer Webseiten darauf eingehen. Deshalb ist in diesem Fall eine Fokussierung auf das gewöhnliche SEO zu bevorzugen. Die lokale Suchmaschinenoptimierung ist da eher nachteilig. Mit dem Praktizieren der üblichen Suchmaschinenoptimierung steigt die Wahrscheinlichkeit, von einer weitaus größeren Zielgruppe aufgesucht zu werden. Unternehmen, die jedoch auf einen einzigen Ort beschränkt sind, können auf die bereits ausführlich erläuterten Vorgehensweisen im Hinblick auf die lokale Suchmaschinenoptimierung zurückgreifen.

Lokalisierte Metadaten erhöhen die Relevanz

Der Metadaten-Abschnitt unterscheidet sich bei der Landing-Page nicht von der herkömmlichen Seitenoptimierung und besteht aus Titel-Tags, Meta-Beschreibungen und Keywords. Eine sorgfältige Pflege der drei genannten Faktoren erhöht den Erfolgsfaktor der Webseite. Die Metadaten sind, wie bereits erwähnt, bei der OnPage-Optimierung genauso wichtig wie der Title Tag.

Optimierung der lokalen Landing-Page für mobile User

Die Anzahl der lokalen User, die Suchanfragen mithilfe von mobilen Geräten tätigt, wächst kontinuierlich. Prognosen sprechen von einer steigenden Tendenz. In einer nahen Zukunft werden deutlich mehr als 50 Prozent der mittlerweile über 100 Milliarden monatlichen Suchanfragen von mobilen Geräten aus getätigt. Deshalb ist bei lokalen Suchanfragen die Telefonnummer, Adresse oder eine gültige E-Mail von einer hohen Bedeutung. Das liegt an dem Zusammenhang zwischen der lokalen Suche und der Bedingung, ein Unternehmen zu finden, welches sich in der unmittelbaren Nähe des Nutzerstandortes befindet. Experten zufolge ist die Nutzung der mobilen Geräte in der Halbzeit eines Kaufprozesses am intensivsten. Deshalb sind Webmaster gezwungen, die spezifischen Nutzer mit einer direkten Ansprache zu belohnen, wenn sie ihre lokalen Landing-Pages sowie Doorway-Seiten für ihre lokale Peer Group kreieren. Die unmittelbare Standortnähe ist beim Optimieren der Landing-Pages für mobile Geräte ein bedeutender Faktor. Nutzer gehen in der Regel von kurzen Fuß- und Fahrwegen aus. Ein weiterer wichtiger Aspekt liegt im Einbeziehen der Ladezeiten der Webseiten. Außerdem erfordern Landing-Pages einen speziellen Inhalt. Webmaster müssen zielgerichtet Texte für eine Gruppe von Menschen verfassen, der sie ein Angebot unterbreiten. Die nachfolgende Anleitung dient als Hilfe beim Verfassen einer gelungenen Landing-Page für mobile Geräte.

❶ Überschriftengestaltung

Die Überschriften sind bei Landing-Pages für mobile Geräte äußerst kurz. Idealerweise setzen sie sich aus maximal vier Wörtern zusammen. Jeder einzelne Begriff, den der Nutzer nicht benötigt, kann gestrichen werden. Eine Überschrift, welche diesen Titel „Entdecken Sie unser großes Sortiment an reduzierten Haushaltsgeräten" trägt, ist definitiv zu lang. Wohingegen die kurze Überschrift mit den Worten „Haushaltsgeräte – 50 Prozent Rabatt" eher für eine mobile Landing-Page geeignet ist.

❷ Gelungene Darstellung der mobilen Landing-Page

Erfahrene Webadministratoren stellen sicher, sämtliche Informationen, welche die Nutzer benötigen, auf der mobilen Landingpage-Version kompakt darzustellen. Dabei versetzen sie sich in die Lage ihrer Webseitenbesucher. Sie halten sich dabei stets vor Augen, wie begrenzt die Zeit der Nutzer ist. Deshalb sind lange Beschreibungen über ein Produkt oder eine angebotene Dienstleistung deplatziert. Eine Landing-Page ist außerdem nicht komplett mit Bildern oder Text befüllt. Stattdessen sind alle wichtigen Links samt Produktbeschreibungen knapp auf einer Seite zusammengefasst. Beim Gestalten dieser spezifischen Seiten gilt das Sprichwort: „Weniger ist mehr."

❸ Klar definierte Calls-to-action

Bei den mobile Landing-Pages zeichnen sich die Calls-to-action Buttons durch ihre Direktheit und eindeutige Aussagekraft aus. Auf einer mobilen Landingpage stellen sie ferner einen Teil des ersten Elements, welche die Nutzer zu sehen bekommen, dar.

❹ Telefonnummer, die einen direkten Anruf ermöglicht

Webmaster, die von ihren potenziellen Kunden angerufen werden möchten, integrieren ein Telefon-Icon oder hinterlassen eine Telefonnummer, die beim Anklicken einen direkten Anruf ermöglicht. Diejenigen, die von ihrer Kundschaft aufgesucht werden wollen, fügen einen Link zu Google Maps hinzu. Auf dieses Weise verlassen sich die Nutzer auf die GPS-Funktion ihres Smartphones, um den Weg zum Unternehmensstandort zu finden.

5 Jede Sekunde zählt

Im Hinblick auf die Gestaltung der mobilen Landing-Pages stellt Zeit einen entscheidenden Faktor dar. Je länger die Webseitenbesucher auf das Laden der Homepage warten müssen, desto höher ist die Wahrscheinlichkeit, dass sie die Seite verlassen und bei einem Konkurrenten nach den notwendigen Informationen suchen werden. Deshalb zählt jede einzelne Sekunde. Flash-Technologien oder lästige Plugins beanspruchen zu viel Zeit, um eine Seite vollständig anzuzeigen. Deshalb sollten Bilder im JPG-Format dargestellt werden. Im Gegensatz dazu bremsen PNG-Bilder ein schnelles Anzeigen der Seite. HTML5 und JQuery gehören zu den Instrumenten, die sich in der Praxis bewährt haben. Sie haben die Macht, die Ladezeiten erheblich zu verbessern. Außerdem sollte die Anzahl der http-Anfragen geringgehalten werden. Stattdessen sind CSS Bilder die bessere Alternative, da sie die Ladezeiten um ein Vielfaches verkürzen. Auch wenn die ideale Größe einer mobilen Landingpage vom dargestellten Inhalt abhängt, sollte das Ziel darin bestehen, die 20 Kilobyte-Grenze nicht zu übertreffen. Webmaster sollten stets im Hinterkopf die Information parat haben, dass nicht alle Nutzer auf dieselbe Internetverbindung zurückgreifen. Die einen verlassen sich auf Wi-Fi, die anderen wiederum haben einen 4G LTE-Zugang und eine weitere Gruppe nutzt die 3G-Verbindungen. Selbstverständlich ist hierzu die Nutzung einer AMP-Seite, welche bereits ausgiebig dargestellt wurde, möglich.

6 Die mobile Landingpage zunächst testen

Es lohnt sich, die mobile Landingpage zuerst selbst zu testen, ehe sie für die Nutzer zugänglich wird. Ideale Seiten enthalten wenig Text und eindeutige Calls-to-action. Der Seiteninhalt sollte aus Kundensicht dargestellt werden.

Voice Search – Optimierung der Webseiteninhalte für die Sprachsuche

4.0

Digitale Sprachassistenten verzeichnen tagtäglich eine steigende Anzahl von Anhängern. An einer großen Beliebtheit erfreut sich insbesondere der Google Assistent. Sowohl Anbieter von Produkten als auch Unternehmen, die Dienstleistungen vertreiben, haben den Nutzen der cleveren Sprachtools entdeckt. Dabei kommt jedoch die entscheidende Frage auf: „Auf welchem Wege kommt der Webseiteninhalt in die Antwortliste der jeweiligen Sprachassistenten?“ Die nachfolgenden Ratschläge dienen als Anleitung für Webmaster, ihre Inhalte für Voice Search zu optimieren.

Umfragen zufolge haben mehr als 50 Prozent der Internetnutzer einen digitalen Sprachassistenten als Informationsquelle genutzt. Diese Erkenntnis hat eine gegenwärtige Studie im Auftrag des Bundesverbands Digitale Wirtschaft (BVDW) e. V. geliefert. Die vier bekanntesten Sprachassistenten, auf welche die deutschen Internetnutzer zurückgreifen setzen sich aus dem Google Assistent, Cortana, Siri und Amazons Alexa zusammen. Laut der Umfrage ist die Mehrzahl der User männlich und gehört einer jüngeren Altersgruppe an. Aus diesem Grund treten sie den Sprachassistenten auch kritisch gegenüber. Sie bemängeln insbesondere den möglichen Datenmissbrauch sowie die Überwachungsmöglichkeiten. Virtuelle Suchassistenten punkten mit ihrer Schnelligkeit. Diese können schnelle Informationen liefern und als Navigation fungieren. Comscore ist ein bekanntes Marktforschungsunternehmen, welches eine Prognose für das Jahr 2020 aufgestellt hat. Die Marktforscher erwarten, dass bis dahin jede zweite Anfrage mithilfe eines Sprachbefehls stattfinden wird. Eine kontinuierlich steigende Anzahl von Nutzern impliziert auch eine bessere Fähigkeit der Sprachassistenten die Rede zu verwerten.

4.1

DARSTELLUNG DER UNTERSCHIEDE ZWISCHEN EINER HERKÖMMLICHEN SUCHE UND EINER SPRACHSUCHE

Sprachliche Suchanfragen müssen sich nicht zwingend von der geschriebenen Suche unterscheiden. Im Gegensatz zu der textbasierten Suche, verdankt die sprachliche Suche überwiegend ihr Dasein dem Smartphone. Außerdem weist die Letztere des Öfteren einen lokalen Bezug auf. Sprachbasierte Suchanfragen zeichnen sich durch eine spezifische Komplexität sowie Dialoge aus. Nutzer sprechen bei den verbalen Suchanfragen meistens ganze Sätze oder Fragen aus. Der Hauptunterschied zwischen den verbalen und textbasierten Anfragen besteht somit im Formulieren von ganzen Sätzen. Der lokale Bezug ist ein weiterer Aspekt, der auf die sprachbasierten Suchanfragen zurückgeht.

Gründe für die schnelle Entwicklung des Voice SEO

Einer der Hauptgründe für das ununterbrochene Voranschreiten des Voice SEO liegt in der Bequemlichkeit der Nutzer, die weder Lust noch Zeit auf ein langes Tippen haben. Sie bevorzugen lieber schnelle und kurze Antworten. Stimmen sind definitiv schneller als Texte.

Klassifikation des Voice SEO aus der Sicht von Google

Im Zusammenhang mit dem Voice SEO klassifiziert Google die Absichten der Nutzer in vier Kategorien. **Die erste** Suche, die auch den Beginn des Voice SEO darstellt, ist die informationsbedingte Suche. Sie nennt sich auch der „Ich-will-es-wissen-Moment". Mittlerweile beträgt die Anzahl der Nutzer, die Informationen online nachschauen, 65 Prozent. *Der Wert der Smartphone-Nutzer, die ihr Mobilgerät nutzen, um nach Informationen zu suchen, die sie in einer Werbung gesehen haben, beträgt 66 Prozent.*

Kategorie Nummer zwei: „Ich-möchte-das-Produkt-oder-die-Dienstleistung-aufsuchen-Moment". Die Suche nach Objekten, welche durch die drei Begriffe „in meiner Nähe" klassifiziert ist, hat im Vergleich zum letzten Jahr einen doppelten Anstieg erfahren. Mittlerweile suchen 82 Prozent der Smartphone-Nutzer nach lokalen Unternehmen, indem sie sich auf die Informationen des Voice SEO verlassen.

Der Name der **dritten Kategorie** lautet: „Ich-möchte-das-tun-Moment". 91 Prozent der Smartphonenutzer suchen in ihrem Mobiltelefon nach Ideen während sie parallel eine Aufgabe erledigen. Das Voice SEO ermöglicht somit ein Multi-Tasking.

Kategorie Nummer vier heißt: „Ich-möchte-kaufen-Moment“. 82 Prozent der User hält mit ihrem Mobiltelefon Rücksprache, indem sie die Funktion Voice SEO nutzt, ehe sie sich für ein Produkt in einem Laden entscheidet.

4.2

INHALTE, DIE SICH FÜR DAS VOICE SEO EIGNEN

Voice Search Engine Optimization eignet sich für Fakten, Informationen und lokalen Content. Um den Nutzer solche Suchanfragen zu beantworten, greift Google auf Web- oder Map-Ergebnisse zurück. Ferner entnimmt Google die gewünschten Antworten aus den Featured Snippets. Webmaster fokussieren sich deshalb auf eine Optimierung von Seiteninhalten, die Fakten, Informationen und lokalen Inhalt liefern. Die nachfolgende Anleitung kann als kleine Hilfestellung beim Voice SEO dienen.

❶ Seiteninhalte für mobile Geräte optimieren

In der Regel greifen Nutzer auf die verbale Suche, wenn sie unterwegs sind, zurück. Die in diesem Buch bereits erläuterte Mobile First Indexierung wird aus diesem Grund noch mehr an Bedeutung gewinnen. Deshalb müssen Webmaster ihre Seiten den Anforderungen für die mobilen Endgeräte anpassen. Es existiert ein Mobile-friendly-Test von Google. Dieser gibt den Webdesignern eine wertvolle Rückmeldung darüber, ob ihre Seite mobil optimiert ist oder nicht. Ein ansprechendes Design ist jedoch nicht der einzige Faktor, den Webmaster berücksichtigen müssen. Idealerweise betragen die Ladezeiten höchstens drei Sekunden. Das bereits erwähnte Google-Tool namens Pagespeed Insights führt einen zuverlässigen Ladezeitentest durch. “Daumenfreundlichkeit” ist ein wichtiger Grundbaustein für eine nutzerfreundliche mobile Webseitenversion. Die Mehrheit der User bedient ihr Smartphone entweder mit dem Zeigefinger oder mit dem Daumen. Deshalb müssen die Buttons groß genug sein, damit die Webseitenbesucher diese mühelos anklicken können, ohne daneben zu treffen. Außerdem muss der komplette Seiteninhalt übersichtlich dargestellt werden. Dies gilt vor allem für die Texte „above the fold“. Nutzer sehen diese zuerst, ohne die Seite herunter zu scrollen.

2 Strukturierte Daten verwenden

Google zielt darauf ab, Webseiten so gut wie möglich zu verstehen, um aufzuspüren, zu welchem Charakter der verbalen Suchanfragen diese am ehesten passen. Webseitendesigner können Google bei dieser Aufgabe sinnvoll unterstützen, indem sie den Inhalt ihrer Seite bestmöglich darstellen. Laut Experten lohnt sich ein Heranziehen der strukturierten Daten wie der Schem.org-Auszeichnungen. Sie ermöglichen ein nützliches Anreichern der Inhalte mit Zusatzinformationen und zeigen damit den Suchmaschinen idealerweise, welche Webseiten gewisse Suchanfragen am ehesten beantworten.

3 Featured Snippets in die Seitenoptimierung einbeziehen

Verbale Sprachassistenten liefern Antworten zu unkomplizierten Suchanfragen, indem sie auf Inhalte aus einem sogenannten Knowledge Graph zurückgreifen. Bei anderen Fragen ist Google des Öfteren auf Featured Snippets angewiesen. Das sind betonte Suchergebnisse. Sie enthalten eine prägnante Antwort von einer passenden Webseite. Des Weiteren setzen sie sich aus unterschiedlichen Formaten wie Texten, Tabellen, Listen oder Videos zusammen. Diese erscheinen in der Regel bei organischen Suchergebnissen. Featured Snippets sind Elemente, die ausdrücklich für Endgeräte, die lediglich über einen geringen Raum für Suchergebnisse verfügen, entwickelt wurden. Google erstellt Featured Snippets. Aus diesem Grund können Webmaster diese nicht beeinflussen. Webseitendesigner können jedoch ihre Entwicklung ein wenig beeinflussen, in dem sie strukturierte Daten verwenden. Experten raten dazu, genau zu testen, für welche Suchanfragen die Featured Snippets erscheinen. In Abhängigkeit von der Ergebnisanzeige sollten anschließend Webmaster verbesserte Antworten geben, um auf die Position Null (dabei handelt es sich um den Platz des featured Snippets) zu kommen. Featured Snippets stellen hauptsächlich das Ergebnis aus Was- oder Wie-Fragen dar. Aus diesem Grund lohnt sich die Verwendung von Keyword-Findern und Keywords-Explorern, um passende Schlagwörter ausfindig zu machen.

4 Webseiteninhalte für die lokale Suche anpassen

Die lokale Seitenanpassung ist für die verbale Suche zwingend notwendig. Deshalb müssen den virtuellen Assistenten korrekte, gegenwärtige und vollständige lokale Daten bereitgestellt werden. Ferner ist eine konsistente Verwendung der Daten wie Anschrift, Kontaktnummer und

Unternehmensname unabdingbar. Wie bereits im Kapitel „Lokal SEO“ erläutert, lohnt sich das Nutzen von Brancheneinträgen wie Google My Business, damit die Firmen für die Suchanfragen „in meiner Nähe“ nicht unentdeckt bleiben. Ferner stellt die Erhaltung der Aktualität der Einträge eine notwendige Bedingung dar.

5 **Die Absichten der User erkennen**

Die Intentionen der Nutzer zu erkennen ist eine wichtige Fähigkeit, um den ersten Platz bei der verbalen Suche zu belegen. Aus diesem Grund ist ein präzises Antizipieren der Fragen der User unabdingbar. Des Weiteren müssen Webmaster wissen, welche Absicht die Nutzer mit der gestellten Suchanfrage verfolgen. Sobald die Intention und die dazugehörige Frage klar sind, sollten die Webdesigner mit der Konstruktion der passenden Antworten starten. Dafür eignet sich am besten das „Answer the Public“ Tool, um festzustellen, welche Fragen User im Zusammenhang mit bestimmten Schlüsselbegriffen stellen.

6 **Gesprochene Sprache nutzen**

Die Inhalte sollten dem Sprachstil der verbalen Suchanfragen entsprechen und in einem natürlichen Ton wiedergegeben werden. Außerdem sind die Texte so verfasst, dass sie mühelos auch laut vorgelesen werden können. Deshalb sind Taktiken wie Keyword Stuffing deplatziert. In dieser Hinsicht lohnt sich ein Gespräch mit dem Kundenservice. Die Angestellten wissen, welche Fragen die Kundschaft am häufigsten stellt. Webmaster können aus diesen anschließend eine FAQ-Liste erstellen und auf dieser Liste basierend FAQ-Seiten, welche die bedeutendsten Kundenanfragen genau beantworten, erstellen. Außerdem steigt so die Wahrscheinlichkeit, in einem Featured Snippet zu erscheinen.

7 **Longtail Keywords verwenden**

Im Hinblick auf die verbale Sprachsuche lohnt sich eine Longtail Keywords Optimierung. In der Regel enthalten diese zusammengefügten Begriffe sowie komplette Keyword-Phrasen, die der gesprochenen Sprache sehr nahekommen. Ferner sprechen sie eine gezielte Gruppe von Nutzern an.

Allerdings sollte an dieser Stelle erwähnt werden, dass sich die Keywords der Sprachsuche von den geschriebenen Schlagworten differenzieren. Bei den Keywords, die für das Targeting eine Priorität genießen, geht es um Schlüsselbegriffe, die einer natürlichen Sprache entspringen. Sie enthalten, wie bereits erwähnt längere Suchbegriffe. Diese umfassen in der Regel fünf oder sogar mehr Wörter. Laut den bisherigen Studien handelt es sich meistens um ganze Fragesätze. Der Satz „Definition des Online-Marketings“ müsste beim Voice SEO eine Antwort auf die Frage „Wie ist Online-Marketing?“ liefern. Mittlerweile können sich die Keywords, welche für Fragen relevant sind, unterscheiden. Nutzer können beispielsweise die Frage „Wie funktioniert Link-Building?“ stellen, während die Sprachsuche auf den Fragesatz: „Wie kann ich zusätzliche Links zu meiner Domain erstellen?“ antwortet. Nutzer könne die relevanten Keywords in sämtlichen Recherche-Tools finden. Google zeigt diese sogar als möglichen Vorschlag an. Seitenbetreiber können auf Tools von Drittanbietern zurückgreifen, um passende Keywords zu finden. AnswerThePublic.com oder Ubersugget haben sich in der Praxis als nützliche Tools bewährt. Diejenigen, die auf Fragen, welche die Kunden auch tatsächlich stellen, aus sind. Lohnt sich, wie bereits erwähnt, eine ausführliche Rücksprache mit dem Kunden- und Informationscenter. Das Ausprobieren eines Live-Chats erfreut sich einer steigenden Beliebtheit, da die Kunden sofort einen Mitarbeiter zu ihren Problemen und Schwierigkeiten befragen können. Anhand einer Live-Chat-Testphase können Webmaster relevante Fragesätze bilden, die sie bei ihrer Sprach-Suchmaschinenoptimierung nutzen.

4.3

ANLEITUNG FÜR DIE OPTIMIERUNG DES INHALTS ZUR SPRACHSUCHE

Sobald die Keywords, welche für die Sprachsuche von Bedeutung sind, gefunden wurden, können Webmaster mit der Optimierung ihres Seiteninhalts beginnen. Ein Vorteil, den das Optimieren im Hinblick auf die Sprachsuche mit sich bringt, liegt in einer besseren Struktur der dargebotenen Inhalte. Google wiederum bevorzugt gut strukturierte Inhalte.

1 Themenauswahl

Als erstes müssen die Webmaster ein Thema auswählen und die passenden Inhalte mit den am häufigsten gestellten Fragen kreieren. Analog dazu erstellen sie Antworten zu diesen Fragen im Hinblick auf die Marke, das Produkt und die Dienstleistung. Die Inhalte sollten unbedingt die Fragen "Wer, was, wann, warum, wo und wie“ beantworten. Webmaster, die auf diese Art die Themenauswahl angehen, können mühelos die ermittelten Schlüsselwörter hinzufügen. Der Fokus ihrer Sprachoptimierung liegt auf dem Einflechten dieser Schlagwörter in den dargebotenen Seiteninhalt. SEO-Experten wissen, dass eine Optimierung auf die Sprachausdrücke wenig Sinn macht, da weniger als zwei Prozent der jeweiligen Stimmenergebnisse die exakten Schlagwörter im Titel-Tag beinhalten. Deshalb sollten Webmaster ihre Seiten so optimieren, wie sie das auch sonst machen und des Weiteren so viele Fragen wie möglich hinzufügen. Diese sollten jedoch den Sprachausdrücken ähneln.

❷ Antworten gezielt strukturieren

Die erwähnten Longtail-Schlagworte sind die beste Maßnahme im Hinblick auf die gestellten Fragen und den dazugehörigen Webseiteninhalt. Dabei lautet die allgemeine Richtlinie, die 30-Wörter-Grenze nicht zu übertreffen. Studien zufolge antwortet Google auf Fragen mit maximal 29 Wörtern. Der Richtwert ist jedoch keine Pflicht, sondern lediglich eine Empfehlung. Google stellt bei Bedarf auch kürzere oder längere Antworten zur Verfügung. Das nachfolgende Beispiel veranschaulicht diesen Sachverhalt.

Die Antwort auf die Frage: "Welche ist die längste Jahreszeit?" enthält 30 Begriffe.

"Tun Bienenstiche weh?" enthält sogar 50 Wörter als Antwort.

Experten empfehlen einen Test durchzuführen und die Fragen vorher bei Google einzugeben. So können Unternehmen die Antworten der Konkurrenzunternehmen analysieren. Die Wettbewerbsanalyse ist im Marketing ein beliebtes Instrument, um den eigenen Unternehmensstatus aufrecht zu erhalten oder gar zu verbessern.

❸ Optimierung des Inhalts für Formulare

Beim Kreieren der Langform-Inhalte sollten Webmaster so viele Antworten wie möglich integrieren. Somit können sie von einer besseren Rang-Position profitieren. Dennoch sollten die Schlüsselwörter natürlich in den Inhalt eingebettet werden. Je nach Keyword-Beschaffenheit können diese auch in die Überschriften und Unterüberschriften integriert werden.

❹ Den Inhalt für die Sprachoptimierung kurz gestalten

Webmaster können auch einen kurzen prägnanten Content erstellen, der einen hohen Fokus auf die Keywords legt. Für die Sprachoptimierung ist die Konzentration auf die FAQ-Liste empfehlenswert. Der Inhalt sollte nach einer Reihe von Schlüsselbegriffen für Fragen strukturiert werden. Im Anschluss fügen Webmaster in ihre konzipierten Antworten zusätzliche Keywords, bei welchen es sich nicht um typische Frage-Schlüsselwörter handelt, auf,,. Das Kapitel über das Thema „Domain Autorität" geht auf diese Taktik genauer ein.

5. Eine Optimierung für die Featured Snippets durchführen

SEO-Experten vertreten die Auffassung, dass 40,7 Prozent der sprachlichen Suchergebnisse den Featured Snippets entstammen. Durch eine gute Optimierung der Featured Snippets können Webmaster die Wahrscheinlichkeit, dass ihr Content in der Sprachsuche angezeigt wird, erhöhen. Um die Featured Snippets bestmöglich zu optimieren, sollten Webseitendesigner auf strukturierte Daten zurückgreifen. In Abhängigkeit vom Content-Typ erfolgt die Verwendung eines Schema-Markups. Diejenigen, die beispielsweise die Frage „Wie kann ich beim Auto Öl wechseln?" beantworten, sollten im Code der jeweiligen Webseite die Markierung „HowToSection" nutzen, um Google beim Durchforsten des Contents dabei behilflich zu sein, die relevanten Daten zu erkennen. Bei der Nutzung des Schema-Markups sollten Webmaster sicherstellen, dass der Content mithilfe von Kopfzeilen, übersichtlichen Aufzählungs- und nummerierten Listen optimal strukturiert ist. Google kann dadurch die relevanten Antworten einfacher für die Anfragen der Nutzer herausfiltern und präsentieren.

6. **Inhalte mit einer natürlichen Sprache kreieren**

Wie bereits am Anfang des Kapitels ausführlich erläutert, punktet die Sprachsuche mit ihrem natürlichen Klang. Die Sprache, die über die Tastatureingabe erfolgt, klingt unnatürlich und künstlich. Das Prinzip der natürlichen Schreibweise hat oberste Priorität. Webmaster die auf die Frage „So finden Sie heraus, ob eine Mango reif ist" eine Antwort verfassen, tun sich einen Gefallen, wenn sie einen inhaltlichen Match, den Google mühelos finden kann, erstellen. In diesem Zusammenhang lautet die von Google gefundene Antwort: „Gibt das Fruchtfleisch unter der Schale auf Fingerdruck leicht nach, ist die Mango reif." Der hilfreichste Tipp im Hinblick auf die Optimierung des Inhalts bei der Sprachsuche lautet, so viele Longtail-Keywords einschließlich Frage-Schlagworte wie möglich einzubeziehen. Solch eine Vorgehensweise kann dazu führen, dass lediglich eine einzige Webseite für eine große Anzahl unterschiedlicher Anfragen für die Sprachsuche als relevant eingestuft wird.

4.4

RATSCHLÄGE FÜR DIE SPRACHSUCHE FÜR DIE LOKALE SUCHMASCHINENOPTIMIERUNG

Die Möglichkeiten, die SEO-Experten für eine Erfassung der lokalen Kunden mithilfe der sprachlichen Suchoptimierung zur Verfügung stehen, sind sehr aufregend. Allerdings existieren einige Gesichtspunkte, welche Webmaster bei der lokalen Suche sowie der dazugehörigen Sprachausgabe berücksichtigen müssen. Die Mehrzahl der Nutzer neigt dazu nach einem Unternehmen Ausschau zu halten, indem sie die folgende Frage stellt: „Kosmetiksalon in Stuttgart". Bei dieser Frage verlässt sich Google auf die zur Verfügung stehenden Webseiteninhalte. Die Frage „Kosmetiksalon in meiner Nähe" sucht Google jedoch nach einem Geschäft, dass sich in der Nähe des Nutzers befindet. Um das nächstmögliche Unternehmen ausfindig zu machen, greift Google auf die Google-My-Business-Profile zurück. Diese Kleinigkeiten sollten Webmaster bei ihrer Optimierung mit in Betracht ziehen. Sie sollten ihre Inhalte somit nicht nur für allgemeine Anfragen, sondern auch für diejenigen, die mit ihrer Frage das Google-My-Business-Profil beanspruchen werden, optimieren. Der Eintrag in Google-My-Business stellt außerdem die korrekten Unternehmensdaten wie Name, Anschrift sowie Telefonnummer sicher. Außerdem können die Unternehmer mit dieser Funktion ihre Organisation kategorisieren. Kosmetikerinnen, die ihr Profil als Kosmetiksalon kategorisieren, erhöhen die Wahrscheinlichkeit bei den Ergebnissen weit oben zu erscheinen, wenn jemand nach einem „Kosmetiksalon in meiner Nähe" sucht.

❶ Weitere Ratschläge und Strategien für ein erfolgreiches Voice SEO

Es existieren noch weitere Aspekte, die Webmaster beachten sollten, wenn sie die Häufigkeit, in der ihre Seite als Ergebnis erscheint, erhöhen möchten. Die nachfolgenden Ratschläge dienen als Orientierung für eine Verbesserung im Hinblick auf die Sprachsuche.

❷ Die Marke sollte im Knowledge Graph enthalten sein

Je größer die Anzahl der Daten, über welche Google verfügt, ist, desto höher ist die Wahrscheinlichkeit im Knowledge-Graph Bedienfeld aufzutauchen. Zu den relevanten Daten gehört neben dem Unternehmensnamen, die Webseite und die anvisierte Zielgruppe. Ein strukturiertes Markup hilft beim Verwirklichen dieses Ziels. Außerdem lohnt sich das aktive Betreiben von Social-Media Unternehmensprofilen sowie eine anschließende Verknüpfung mit der Marke. Dadurch erhält Google noch stärkere Signale. Dabei kann eine Wikipedia-Seite Abhilfe schaffen. Diese erscheinen bei sprachlichen Anfragen häufig in den Suchergebnisseiten. Sie sind insbesondere bei allgemeinen Wissensfragen beliebt.

❸ Das Streben nach einem Leseniveau der 9. Klasse hat sich in der Praxis bereits mehrfach bewährt

Unkompliziertes und deutliches Formulieren stellt generell eine gute Richtlinie dar. SEO-Experten haben herausgefunden, dass Inhalte, die mit der Formulierung eines Lehrbuchs aus der 9. Klasse übereinstimmen, wesentlich öfter als Ergebnisse der Sprachsuche angezeigt werden. Ein spezieller Flesch-Kincaid-Bewertungsgrad zeigt an, welcher Kategorie sich der Inhalt zuordnen lässt. Ein Wert in Höhe von 9,3 besagt, dass der Inhalt des Leseniveaus der

9. Klasse entspricht. Webmaster haben die Möglichkeit, ihren Inhalt vorab zu kontrollieren. Das Tool namens "readable.io" zeigt eine Notenbewertung nach dem Einfügen eines Textes an.

❹ Eine Erhöhung der Domain Autorität zahlt sich auf jeden Fall aus

Webseiten, die zahlreiche Links beinhalten, welche auf sie selbst verweisen, erscheinen weitaus häufiger in der organischen Suche als ihre Konkurrenten. Im Hinblick auf die verbale Suche gilt dasselbe Prinzip.

❺ Videos in den Suchergebnissen gelten als äußerst hilfreich

Videos machen einen großen Bestandteil der Strategie von Google im Hinblick auf das Beantworten der sprachlichen Anfragen aus. Sie erscheinen tendenziell häufiger bei der Nutzung von natürlichen Keywords. Wenn ein Nutzer eine Standardsuche für „Artischocke kochen" tätigt, weiß Google, dass dieser sich für die Zubereitung einer Artischocke interessiert. Somit stellen Webmaster die dazugehörigen Videos als drittes Ergebnis nach ihrem jeweiligen Text-Snippet oder den Fragen, welche die Nutzer stellen, ein. Wenn Webseitendesigner ein Keyword in einer natürlichen Sprache verwenden, wie in dem Fall „Wie koche ich eine Artischocke?", taucht das Video-Snippet oben auf. Derartige Snippets starten mit dem relevanten Teil ihres Videos, welcher die spezielle Anfrage beantwortet. Es gibt jedoch Fälle, in welchen Google die Antwort der Beschreibung in der Box eher anzeigt als das Video. Webmaster sollten darauf abzielen, ihre Videos zu bewerten, indem sie diese für eine gute Suchmaschinenoptimierung anfertigen. Dazu müssen sie ihre Titel optimieren und detaillierte Beschreibungen ihrer Videos verfassen, welche die natürlichen Keywords enthalten.

6 Auch im Hinblick auf die Sprachsuche ist eine schnelle Ladezeit der Seite unabdingbar

Im Juli 2018 hat Google bekannt gegeben, ein sogenanntes Speed Update für sämtliche Nutzer eingeführt zu haben. Weil die Ladezeit ein bedeutender Rankingfaktor für die mobile Suche ist, sollten Webmaster diesen bei der Gestaltung ihrer eigenen Webseite zwingend ausbessern. Eine durchschnittliche Suchergebnisseite der Sprachsuche lädt in etwa der Hälfte der Zeit, welche die durchschnittlichen herkömmlichen Seiten benötigen. Die Seitengeschwindigkeit ist enorm wichtig, um den Featured Snipppet Ausschnitt zu erfassen.

7 Die Webseite muss mobilfreundlich sein

Seitdem Google die Mobile First Indexierung ins Leben gerufen hat, stellt die Bedingung einer mobilfreundlichen Webseite einen bedeutenden Faktor für das Webseiten-Ranking dar. Mittlerweile nutzt die Mehrheit der Individuen überwiegend auf ihren Mobiltelefonen die Sprachsuche. Deshalb müssen Webmaster ihre Webseite so optimieren, um in den Featured Snippet zu landen. Aus diesem Grund hat Google einen Test, der die Benutzerfreundlichkeit für mobile Endgeräte bewertet, eingeführt. Anhand dieses Tests können Webmaster sehen, ob sie ihre Seite für Mobilgeräte optimieren müssen oder nicht.

4.5 DIE WEITERENTWICKLUNG DER SPRACHSUCHE

Experten messen nicht nur der Absicht der User, sondern auch der Stimmung der Nutzer eine große Bedeutung bei. Ferner betonen sie die Wichtigkeit der Monetarisierung der Sprachsuche für Firmen. Podcasts gehörten zu den Inhalten, die sich einer steigenden Beliebtheit im Bereich Voice Search erfreuen.

Doch auch Rezepte und Nachrichten haben einen Einstieg in die Sprachsuche gefunden. Aufgrund dieser Entwicklung hat Google ein cleveres Verzeichnis namens Google Assistant Actions kreiert. Dieses liefert einen Überblick über Handlungen, die dank der zahlreichen Suchbefehle des Google Assistenten freigegeben werden und durch welche der Content auf ausgewählten Seiten gefunden wird. Ferner können Webmaster, die erwähnten „Actions"-Seiten ihres Contents überprüfen, die bereitgestellten Informationen jederzeit ändern. Ferner haben sie die Möglichkeit die Sichtbarkeit der Inhalte einzustellen.

Die verbale Suche steckt noch in den Kinderschuhen. Experten erwarten jedoch eine starke Weiterentwicklung in den kommenden Jahren. Aus diesem Grund schauen clevere Webmaster bereits heute nach diesen Potenzialen. Ferner lohnt sich ein Start mit der Optimierung für die Sprachsuche. Dabei sollte die Relevanz der Featured Snippets im Vordergrund stehen. Ein genaues Beantworten der Kunden- und Nutzeranfragen steigert den Erfolg bei der Sprachsuche. Unternehmen, die ihre Webseite sowohl für die lokale als auch für die mobile sowie für die Sprachsuche optimieren, sind auf dem besten Wege, den Anforderungen der Zukunft im Hinblick auf die Internetnutzung gerecht zu werden.

Fazit

Im Grunde genommen unterscheidet sich die verbale Suchmaschinenoptimierung nicht stark von der herkömmlichen SEO. Letztlich stellt Voice SEO einen neuen Standard für auserlesene und qualitativ hochwertige Optimierungsmethoden dar. Der positive Trend der Sprachentwicklung wird immer bedeutender.

Content Marketing und der Zusammenhang zwischen der Suchmaschinenoptimierung

5.0

Content Marketing ist eine Vorgehensweise des Marketings, die keine Werbebotschaften heranzieht, sondern sinnvollen Content, welchen zahlreiche Personen online suchen, produziert. Eine genaue Analyse dieses Marketinginstrumentes beweist jedoch auch, wie eng Content Marketing mit der Suchmaschinenoptimierung verbunden ist. Content Marketing richtet sich genauso wie gute SEO-Maßnahmen an eine festgelegte Zielgruppe. Deshalb kombinieren Organisationen das Content Marketing mit einer gut durchdachten SEO-Strategie, um unter einer Zuhilfenahme einer Customer Journey wertvolle Inhalte zu präsentieren.

Unternehmen, die Inhalt entlang der Customer Journey bereitstellen, werden deutlich öfter als die Konkurrenz gefunden. Außerdem stärken sie die Vertrauenseigenschaft einer Firma und profitieren auf diese Weise von einer Neukundengewinnung. In der Regel spielt sich die Buyer Journey auf digitalen Plattformen ab. Die Customer bzw. Buyer Journey bildet den kompletten Kaufprozess der Kunden ab. Dank dieses Prozesses haben Unternehmen die Möglichkeit mit ihrem Content Marketing potenzielle Kunden anzutreffen. Content Marketing verfügt jedoch über einen nützlichen Inhalt, der die Vertrauensbasis stärkt und des Weiteren eng mit der Suchmaschinenoptimierung zusammenhängt. Des Weiteren ist die Mehrheit der Internet-Nutzer von sämtlichen Werbemaßnahmen genervt. User verlassen sich deshalb auf Adblocker. Außerdem genießen Filmfans Sendungen auf Netflix, da diese Plattform werbefrei ist. Nutzer nutzen das Internet, um sich vorher über ein Produkt oder eine Dienstleistung zu informieren, ehe sie den Kauf tätigen. Webseitenbetreiber sollten sich dabei stets vor Augen führen, dass Content Marketing eng mit der Suchmaschinenoptimierung zusammenhängt. Um ein effektives Content Marketing zu verwirklichen, welches dabei hilft, eine höhere Position zu erreichen, ist die Wahl der Keywords und der richtigen ON-Page Suchmaschinenoptimierung und des technischen SEO äußerst wichtig.

5.1

DER BEGRIFF UND DIE ZIELE DES CONTENT MARKETINGS

Die nachfolgende Definition des Content Marketings stammt aus dem Content Marketing Institute:

> *"Content marketing is a strategic marketing approach focused on creating and distributing valuable, relevant, and consistent content to attract and retain a clearly-defined audience — and, ultimately, to drive profitable customer action"*

Content Marketing verfolgt mehrere Ziele. "Strategic marketing approach" steht für das Vorhandensein eines Plans, Definieren von Zielen und Entwickeln von Vorgehensweisen, um die gesetzten Ziele zu erreichen. Außerdem ist Content Marketing keine Taktik wie das Betreiben von Social-Media-Kanälen, Bloggen oder eine regelmäßige E-Mail Marketingpolitik. Es ist eine Strategie, welche die Elemente Social Media und Leadgenerierung beinhaltet. Wobei die Letztere für die Verkaufschancen steht. Weitere Ziele des Content Marketings bestehen im erschaffen und im Verbreiten von wertvollem, relevantem und konsistentem Inhalt. Dafür ist jedoch ein Content Prozess erforderlich. Professionelle Redakteure, die vom jeweiligen Fach sind und die gewünschte Zielsprache beherrschen, sind zwingend notwendig. Meetings in Redaktionen und mit Personen, die mit der Suchmaschinenoptimierung bestens vertraut sind, gehören bei dieser Aufgabe dazu. Content Formate bestehen aus Blogartikeln, Videos oder Whitepaper. Weitere Ziele, welche Unternehmen mit dem Content Marketing erreichen wollen, bestehen im Anziehen und Aufrechterhalten eines klar definierten Publikums. Dieses Ziel stellt eine wahre Herausforderung dar, da die Mehrheit einen Content produziert, welcher die jeweilige Zielgruppe überhaupt nicht anspricht. Content Strategen und clevere Tools können beim Einschlagen des richtigen Wegs eine wahre Abhilfe schaffen. Profitable Kundenaktionen vorantreiben stellt ein weiteres Ziel des Content Marketings dar. Schließlich steht die Umsatzmaximierung an erster Stelle eines Unternehmens und diese kann nur mit einem vorzeigbaren und kontinuierlich steigenden Profit erreicht werden. Wenn das Ziel zudem in der Kundenbindung besteht, ist das Anpassen der Prozesse wie eine gute Kundenbetreuung Pflicht.

5.2

PASSENDER CONTENT STELLT DIE GRÖẞTE HERAUSFORDERUNG DAR

Umfragen zufolge betrachten Marketing Content Ersteller das Kreieren eines passenden Contents als die größte Herausforderung. Das liegt an der geringen Ressource geeigneter Journalisten, über welche Unternehmen in der Regel verfügen, um einen ansprechenden Content für die Zielgruppe zu produzieren. Content muss sich durch die Eigenschaft „sehr gut" auszeichnen, da ihn ansonsten die gewünschte Zielgruppe nicht findet. Dies bedeutet wiederum kein Erreichen von Leads. Unternehmen müssen in der Regel zwischen zwei und drei Blogbeiträgen pro Woche verfassen, um ihren Kunden einen aktuellen Content zu bieten. Dieser sollte des Weiteren mindestens 700 Wörter beinhalten. Videos und Whitepaper gehören ebenfalls zu einem guten und ansprechenden Content. Die nachfolgende Anleitung dient als Orientierung für das Schaffen eines gelungenen Inhalts.

Anleitung für das Erstellen eines gelungenen Contents

1. Die erste Frage, die sich Unternehmen stellen sollten, liegt in der Beschaffenheit der Webseite. Diese sollte eine große Anzahl von Besuchern erhalten. Guter Content kann beim Ziel der Umsatzmaximierung nicht behilflich sein, wenn dieser von den Suchmaschinen übersehen wird.
2. Zielgruppen stellen einen weiteren Aspekt dar, der für das Content Marketing unabdingbar ist. Deshalb müssen Unternehmen ihre gewünschte Zielgruppe gut kennen, um einen ansprechenden Content zu produzieren und zu veröffentlichen. Content Marketing ist nämlich kein Mittel, um Links zu produzieren, die lediglich Google gefallen. Ehe Unternehmen mit dem Produzieren des Content Marketings beginnen, machen sie sich Gedanken, was genau ihre Zielgruppe interessiert. Dabei kann der Kundenservice, der häufige Anfragen beantwortet, als eine wichtige Stütze dienen. Content Marketing erreicht die Nutzer nur dann, wenn er sie auch wirklich anspricht. Bei Online-Shops sprechen Marketing- und Vertriebsexperten von sogenannten Buyer oder User Personas. Dabei handelt es sich um Prototypen der jeweiligen Nutzer- oder Zielgruppe. Sie bilden fiktionale Kunden ab. Die Daten, auf welchen die Abbildung basiert, sind jedoch echt. Sie setzen sich aus soziodemografischen Merkmalen, Bedürfnissen, Handlungen sowie Online-Kaufverhalten zusammen. Die Konstruktion der Buyer User kann für das Erstellen eines ansprechenden Content Marketings sehr hilfreich sein. Deshalb lohnt sich das Bilden eines Fragenkatalogs sowie dessen anschließende Beantwortung.
   - Durch welche soziodemografischen Merkmale zeichnet sich die Buyer Persona aus?
   - Wie sieht die Position der Persona in der Arbeitswelt aus und wie verläuft ein typischer Arbeitstag dieses Nutzers?
   - Wie lauten die persönlichen und beruflichen Ziele dieser Persona?
   - Worin liegen die persönlichen und beruflichen Herausforderungen?
   - Handelt es sich dabei um eine internetaffine Persona, die auch online Kaufentscheidungen trifft?
   - Gehört das Nutzen von sozialen Netzwerken zu dieser Persona?

- Greift die Persona auf das Internet zurück, um Informationen über das gewünschte Produkt zu beschaffen?
- Welche Aspekte führen die Persona am Tag der Kaufentscheidung dazu, den jeweiligen Kauf zu tätigen?
- Was genau ist notwendig, um die Persona von dem jeweiligen Angebot oder der Dienstleistung zu einem Kauf zu überzeugen?
- Trifft die Persona vollkommen allein die Entscheidung oder bezieht sie noch weitere Nutzer in die Alternative mit ein?

3. Sind gute Texter oder Redakteure, die einen guten Inhalt verfassen können, vorhanden?

   Da Unternehmen mehrmals die Woche einen guten Content bereitstellen, benötigen sie ein Team von guten und motivierten Autoren. Content Strategen sind jedoch genauso wichtig. Diese entwickeln die Content Strategie stets weiter. Um mit einem erfolgreichen Inhalt zu punkten, starten Texter mit einer Thematik, die weder von der Konkurrenz noch von anderen Webseiten beantwortet wurde. Das Auffinden von Marktlücken war seit jeher ein Erfolgsfaktor in der freien Wirtschaft. Diejenigen, die nach einem unbekannten Thema suchen, können davon ausgehen, ihren Nutzern einen Mehrwert zu bieten. Außerdem verschaffen sie sich auf diese Weise bedeutende Vorteile gegenüber dem Wettbewerb. Der erste Schritt besteht im Auffinden mehrerer Themen. Im zweiten Gang erfolgt das Ableiten von Unterthemen. Diese beinhalten idealerweise wichtige Schlagworte sowie relevante Keywords. Ferner lohnt sich das Beantworten der klassischen W-Fragen, welche im Kapitel „Suchmaschinenoptimierte Texte" ausführlich erläutert wurden. Google Suggest stellt jedoch auch ein hilfreiches Tool beim Erstellen eines gelungenen Contents dar. Nach dem Anfertigen einer Liste mit den relevanten Fragen und Schlagworten erfolgt die Kontrolle. Dabei prüfen die Autoren, welche Suchergebnisse Google bei den erwähnten Begriffen anzeigt. Clevere Texter gehen diese schrittweise durch und machen dabei Notizen. Sie sammeln bedeutende Quellen, Meinungen von Experten und relevante Studien. Dabei kann sich die Anzahl der Treffer auf einer Spanne zwischen zehn und fünfzig belaufen. Deshalb erfolgt eine Filtration der Punkte, welche den Usern einen Mehrwert bieten. Ein weiterer guter Nebeneffekt, der aus dieser Vorgehensweise resultiert, besteht im Studieren der Wettbewerber. So können Unternehmen besser abgleichen, worauf die Konkurrenz spezialisiert ist. Kundenbefragungen gehören zum Kreieren eines guten Contents ebenfalls dazu. Denn das Interesse der Nutzer steht definitiv im Mittelpunkt. Diese Vorgehensweise hilft beim Produzieren deutlicher Textabschnitte. Textwüsten können dank dieser Methode gar nicht entstehen. Aufgelockerte Textstrukturen entstehen mithilfe von passenden Bildern, Aufzählungen sowie Zwischenüberschriften. Doch auch die besten Texter benötigen ein Feedback, um mit guten Artikeln zu überzeugen. Das liegt an der hohen Wahrscheinlichkeit, schnell den Überblick für das Wesentliche zu verlieren. Autoren sind meistens in ein Thema sehr vertieft. Deshalb benötigen sie ein qualifiziertes Feedback. Nur so können sie feststellen, ob sie sich im Textverlauf wiederholen oder einen wichtigen Punkt nicht erwähnt haben. Ob der Text für Außenstehende auch verständlich geschrieben ist, können am besten neutrale Leser beurteilen. Experten vom Fach können wiederum besser bestätigen, ob der rote Faden über den gesamten Text hinweg eingehalten wird. Die Frage nach den passenden Grafiken und wichtigen Quellen können Autoren nicht vollkommen allein beurteilen. Auch bei diesen Aspekten sind sie auf ein Feedback angewiesen. Schließlich entscheidet die kritische Hinterfragung des Textes über den Erfolg des Contents. Eine ausreichende Investition von Zeit, Mühe sowie Fleiß gehört zum Content Marketing dazu. Die Leser merken sofort, ob die Autoren ihnen mit dem Geschriebenen einen Mehrwert bieten wollten oder nicht.

4. Reicht das vorhandene Budget aus, um den gewünschten Content zu promoten?
   Wenn die Produktion des Content Marketings frisch ist, ist die Besucherzahl von Google zu gering, um einen Erfolg zu verzeichnen. Die Unternehmen müssen Werbung betreiben. Dies gestaltet sich am einfachsten über Social-Media-Kanäle wie Facebook, LinkedIn, Xing, Twitter oder Instagram.
5. Sind sämtliche relevante Tools vorhanden?
   Digitale Unterstützung ist bei der Content Erstellung das A und O. Insbesondere beim Optimieren benötigen die Texter gute Tools. Dabei können sie entweder auf mehrere einzelne Tools zurückgreifen oder eine einzige leistungsfähige Marketing Automation Software nutzen. Außerdem müssen sich auch die Mitarbeiter mit den jeweiligen Tools auskennen.

5.3

DEN ERFOLG VON CONTENT MARKETING MESSEN UND ÜBERWACHEN

Im Marketing verfolgen die Führungskräfte Ziele, die messbar, objektiv und reliabel sind. Der Vorteil des Online-Marketings besteht in der Möglichkeit, diese Ziele zu messen. Im Nachfolgenden werden die bedeutendsten Zahlen, die Content Hersteller bereits zu Beginn ihres Schaffens berücksichtigen sollten, erläutert.

1. Visits: Wie viele User besuchen die Webseite und welche Quellen haben sie dabei genutzt? War es Google, ein Social-Media-Kanal oder ein Newsletter? Dank des Google Analytic Tools können Content Produzenten die Ziffer der Besucher ermitteln.
2. Social Media Nutzer auf Social Media Plattformen: eine Änderung hat eine direkte Ansprache der Nutzer untersagt, deshalb müssen Content Produzenten, die User der Social Media Kanäle direkt ansprechen, einen finanziellen Aufwand leisten. Aus diesem Grund lohnt sich ein Ausweichen auf kostenlose Alternativen.
3. Newsletter- und Blog-Abonnenten liefern den entscheidenden Hinweis einer regelmäßigen Verbindung. Sie beweisen, wie wichtig ihnen der dargebotene Content ist. Ferner bieten sie den Content Marketing Produzenten einen Anreiz, regelmäßig frischen Inhalt zu formulieren.
4. Leadgenerierung: Leads stehen für Besucher, welche an weiterführenden Content interessiert waren und dafür persönliche Daten heruntergeladen haben. Sie stellen eine attraktive Gruppe als Abonnenten dar. Denn diese Besucher haben ihr Interesse für einen ausgewählten Content bekundet und dem Webseitenbetreiber, ihre ausdrückliche Zustimmung gegeben, ihn zu weiteren Vertriebszielen kontaktieren zu dürfen.
5. Marketing Qualified und Sales Leads: Dabei handelt es sich um eine Gattung von Leads, die zu einem Kaufabschluss tendieren oder diesen auch getätigt haben.
6. Umsatz- und Abschlussermittlung: Selbst, wenn diese die Vertriebsabteilung tätigt, achten auch Marketingfachkräfte darauf, diese Ziffern zu erhalten, da sie ansonsten nie den positiven Return-On-Investment ihrer Marketingmethoden beweisen könnten.

7. Weitere relevante Kennzahlen: Zu den nennenswerten Kennzahlen gehören noch Click-Through-Raten, E-Mail Öffnungs- und Konversionsraten von Landingpages.

Fazit Content Marketing

Da die sich die Customer Journey überwiegend auf digitalen Plattformen abspielt, müssen sowohl Marketing- als auch Vertriebsmaßnahmen eines Unternehmens digital werden. Online Content Marketing hat dabei die klassische Werbung überholt, da die Mehrzahl der Konsumenten, die herkömmlichen Werbemaßnahmen meidet. Nützlicher Content, der sich aus Blog-Beiträgen und Videos zusammensetzt, ist im Gegensatz zur Werbung sehr beliebt.

Die Rolle von Social Media für ein besseres Marketing im Zusammenhang mit der Suchmaschinenoptimierung

6.0

Marketing ist ein Unternehmensbereich, der sich permanent an die neuesten Technologien anpassen muss, damit sich das jeweilige Unternehmen erfolgreich am Markt gegen die Konkurrenz durchsetzen kann. Die sozialen Medien sind zwar schon seit Langem für ihre Rolle im Marketing bekannt, allerdings verzichten dennoch nach wie vor zahlreiche Unternehmen auf deren Nutzung. Zahlreiche Führungskräfte wissen nicht einmal, wie hoch die Auswirkungen von Social Media bei den organischen Suchergebnissen sind. Soziale Netzwerke fungieren ebenfalls als Suchmaschinen. Dementsprechend sind Social-Media-Strategien ohne eine gut durchdachte Suchmaschinenoptimierung brotlos.

6.1

DEFINITION DES SOCIAL MEDIA MARKETINGS

Social Media Marketing steht für sämtliche Marketingaktivitäten, die sich auf Social Media-Plattformen abspielen. Dazu zählen zahlreiche Aktionen, die den Social-Media-Aspekt einbeziehen. Das Verfassen eines Blog-Artikels, das Durchführen einer Kampagne der Restrukturierung oder das Nutzen von Facebook, Twitter und Instagram steht für ein aktives Social-Media-Marketing. Dabei wenden die Webmaster keine neuen oder gar einzigartigen Taktiken an. Sie passen sich lediglich an die neuen Anforderungen des Marketings an. Des Weiteren verfolgen Vermarkter das Ziel, ihren Bekanntheitsgrad sowie ihren Markenwert zu steigern. Sie möchten das Vertrauen der potenziellen Kunden gewinnen und gleichzeitig ihre Autorität steigern. Ein erhöhtes Traffic auf ihrer Webseite zählt genauso zu den Zielen wie die Absicht, Webseitenbesucher in Kunden zu verwandeln. Die höchste Priorität der Vermarkter liegt jedoch im Erfüllen der Kundenbedürfnisse. Denn schließlich sorgen diese für den Bestand des Unternehmens. Aus den genannten Gründen lohnt sich eine Kombination der Social-Media- und der Suchmaschinenoptimierungsstrategien.

Zwar fließen die Social Signals nicht direkt in den Suchalgorithmus von Google ein, doch die Nutzung von Social Media kann das Ranking dennoch verbessern und die Reichweite des Publikums erhöhen. Soziale Signale (engl. Social Signals) übernehmen bei diesem Prozess eine wichtige Rolle. Sie setzen sich aus kommunikativen sowie informativen Signalen zusammen. Diese wiederum stellen soziale Beziehungen mithilfe von sozialen Interaktionen und Emotionen her. In der Praxis spiegeln sich diese in den berühmten Like-, Share oder Kommentarfunktionen wider. Die erwähnten Signale helfen bei der

Bewertung des jeweiligen Social-Media-Kanals. Experten sprechen im Hinblick auf die Suchmaschinenoptimierung von sozialen Signalen, wenn mithilfe der Interaktionen auf den Social Media Plattformen Interaktionen entstehen. Ein Share einer Webseite auf Instagram ist ein klassisches Beispiel für diesen Zusammenhang.

Webmaster sollten sich den Zusammenhang zwischen den sozialen Signalen sowie dem Ranking verdeutlichen. Fundierte Studien beweisen, dass Webseiten, die in den oberen Positionen der Suchergebnisseiten erscheinen, über überdurchschnittlich viele Social Signals verfügen. Dabei stellten Analysten fest, dass Internetauftritte, die zahlreiche soziale Signale aufweisen, die Online-Präsenz einer berühmten Marke wiedergeben. Ferner zeichnen sie sich durch eine große Menge an aktuellen Content aus. Allerdings konnten Experten immer noch nicht nachweisen, ob sich die sozialen Signale tatsächlich sowohl aktiv als auch passiv auf ein Ranking auswirken.

Google-Mitarbeiter betonen des Weiteren, dass Suchmaschinen Schwierigkeiten haben, die riesigen Datenbestände der sozialen Netzwerke wie Facebook zu indexieren. Dennoch bestätigen sie, die Wichtigkeit der sozialen Signale, welche in einer naher Zukunft an Bedeutung zunehmen werden. Ferner betonen Google-Mitarbeiter, dass die Webseiten der sozialen Plattformen keinen Sonderstatus genießen und genauso behandelt werden wie die anderen Homepages.

Experten streiten sich dennoch nach wie vor über den Zusammenhang zwischen den sozialen Signalen und deren Wichtigkeit für die Suchmaschinenoptimierung und das Ranking. Google hat nicht bestätigt, ob Social Signals als Rankingfaktoren dienen. Marketingexperten betrachten jedoch die sozialen Signale als ein wichtiges Instrument des Online-Marketings. Immerhin können Likes und Shares die Reichweite des Publikums binnen weniger Minuten um ein Vielfaches erhöhen. Deshalb liegt es nahe, dass Social Signals irgendwann den Weg zu den Rankingkriterien finden werden.

Social Signals können Suchmaschinen jedoch Hinweise darüber liefern, ob der Content einer Webseite unter den Nutzer gefragt ist oder nicht. Zugleich fungieren Likes und Shares als wichtige Indikatoren für die aktuellen Suchtrends sowie gegenwärtige Themen. Außerdem treten seit Mai 2015 Tweets der sozialen Plattform Twitter in den organischen Suchergebnissen von Google auf. Ferner können Webmaster den Traffic der sozialen Netzwerke mithilfe von Google Analytics auswerten.

6.2

LOHNT SICH DIE ANWENDUNG VON SOCIAL MEDIA MARKETING IM HINBLICK AUF DIE SUCHMASCHINENOPTIMIERUNG?

Für die Mehrzahl der Unternehmen, Organisationen und Firmen ist Social-Media-Marketing heutzutage eine Selbstverständlichkeit. Sie können mit diesen Plattformen ihre Reichweite um ein Vielfaches vergrößern. Ferner vertreten zahlreiche Unternehmen die Auffassung, das Nutzen von Social-Media-Kanälen sei kostenlos. Dies ist jedoch nicht der Fall, denn internetaffine Angestellte investieren einen Menge Zeit, um das Unternehmen in den Social-Media-Kanälen richtig zu positionieren. Und Zeit ist Geld. Außerdem funktioniert Social-Media-Marketing nicht für jedes Unternehmen gleich. Ferner ist es kein Hilfsmittel, um innerhalb von kürzester Zeit und mit einem geringen Aufwand einen hohen Umsatz zu erzielen. Der Hauptgrund für das Nutzen von Social-Media-Plattformen liegt im großen Potenzial der Kanäle. Die Resultate hängen von den gewählten Strategien ab. Doch die Liste der Vorteile, welche die sozialen Plattformen bieten, ist lang. Zum einen können die Unternehmen einen schnellen Kundenservice anbieten und es spielt keine Rolle, an welchem Ort sich die Kunden befinden. Zum anderen genießen die Unternehmen die Möglichkeit, ihre Produkte und Dienstleistungen über neue Wege zu verkaufen. Des Weiteren können Firmen von einem gemeinsamen Aufbau der Loyalität und Markenwahrnehmung profitieren. Ferner können Unternehmen neue Produkte bewerben, ohne einen Großteil ihres Budgets in viele Werbemaßnahmen zu investieren. Die nachfolgende Anleitung kann sowohl von Unternehmen herangezogen werden, die noch auf den Social-Media-Plattformen Fuß fassen möchten als auch von Firmen, die bereits seit Langem auf den zahlreichen Kanälen vertreten sind. Außerdem lernen sie dabei, wie sie SEO und Social Media sinnvoll miteinander kombinieren können.

Ein guter Anfang definiert den Erfolg

Strategen definieren eine Liste mit Zielen, die sie mithilfe von Social-Media-Aktivitäten erreichen wollen. Die Tätigkeit auf den Plattformen hängt ferner von den Produkten und Dienstleistungen, die eine Firma anbietet, ab. Wirtschaftlich orientierte Unternehmen und Wohltätigkeitsorganisationen verfolgen gegensätzliche Ziele und gehen aus diesem Grund bei ihren Aktivitäten anders vor. Ob nun ein Unternehmen gemeinnützig oder wirtschaftlich orientiert ist, spielt jedoch für das Suchmaschinen-Ranking eine untergeordnete Rolle. Suchmaschinen durchsuchen und indexieren die Inhalte von beiden Organisationen gleichermaßen. Unternehmensprofile tauchen in den organischen Suchergebnissen auf. Die nachfolgenden Beispiele veranschaulichen die Unterschiede zwischen einem gewinnorientierten und einem gemeinnützigen Unternehmen und erklären, worauf es ankommt, um bei der Suchmaschinenoptimierung zu punkten.

Das wirtschaftlich ausgerichtete Unternehmen namens Produkt GmbH erzielt einen hohen Umsatz mit dem Verkauf von Produkten in zahlreichen Kaufhäusern. Da die Produkte eine hohe Bekanntheit genießen, profitiert die Produkt GmbH organisch von einer großen Anzahl an Followern auf den Social-Media-Kanälen, obwohl sie auf diesen nicht sonderlich aktiv ist. Nun beschließt das Unternehmen, die Follower für eine Umsatzsteigerung zu gewinnen, indem sie Online-Verkäufe und neue Produkte einführt. Die Produkt GmbH macht für die neuen Angebote Online-Werbung. Aus diesen Zielen lässt sich eine klare Strategie ableiten.

- Social Media Beauftragte müssen nun in regelmäßigen Abständen Informationen über die neuen Produkte posten, um den Verkauf zu fördern.
- Ein gezieltes Schalten von bezahlten Online-Kampagnen erhöht die Anzahl der Follower und Verkäufe gleichermaßen.
- Clevere Strategen animieren Follower, die bereits die angepriesenen Produkte nutzen, um weitere Follower zu gewinnen, welche sich ebenfalls von den Angeboten überzeugen lassen.
- Wettbewerbe und Werbeaktionen, die auf die Social-Media-Kanäle zugeschnitten sind, enthalten nicht denselben Inhalt wie herkömmliche gedruckte Prospekte. Sie beinhalten eine kurze Produktbeschreibung und knappe Erfahrungsberichte von begeisterten Nutzern.
- Gute Inhalte, die bei den Followern beliebt sind und eine häufige Teilung genießen, werden auch von den Suchmaschinen schneller indexiert. Deshalb lohnt es sich das Ziel, welches in einer großen Anzahl von Likes besteht, zu verfolgen.

Eine gemeinnützige Organisation wie der World Wide Fund for Nature (WWF) profitiert von einem hohen Bekanntheitsgrad, da sie großartige PR Offline-Kampagnen und TV-Werbespots betrieben hat. Allerdings hatten sie bis vor kurzem keine Social-Media-Aktivitäten betrieben und müssen deshalb ganz von vorne anfangen. Sie verfolgen das Ziel, die Wahrnehmung für Umwelt- und Tierprobleme zu erhöhen, Veranstaltungen zu bewerben, Spenden zu erhalten und neue Mitglieder zu gewinnen. In diesem Fall existieren mehrere Möglichkeiten, diese Ziele zu erreichen. Sie müssen jedoch ihre Seite öffentlich sichtbar machen und die relevanten Keywords einsetzen, um ihren Erfolg zu erhöhen. Diese Einstellungen wirken sich stark auf die Suchergebnisse aus.

- WWF kann die Kanäle nutzen und diese über weitere Medien bewerben. Zu diesen gehören E-Mails, Posts, Links in TV-Spots oder auf der Website. Auf diese Weise kann die Organisation die Anzahl der Follower schnell erhöhen. Doch die Marketingverantwortlichen müssen einen teilbaren sowie emotionalen Content kreieren, um die gewünschte Botschaft organisch zu verbreiten und neue Anhänger zu gewinnen. Deshalb spielt die Wahl der Stichworte eine entscheidende Rolle.
- Gemeinnützige Organisationen verfolgen im Grunde genommen ein ähnliches Ziel wie wirtschaftlich ausgerichtete Unternehmen. Auch sie sind an der Erhöhung der Follower interessiert. Allerdings möchten sie höhere Spendenbeiträge erzielen, um weiterhin ihren Kampf gegen Umweltkatastrophen und dem Aussterben bedrohter Tierarten fortzusetzen. WWF möchte das Bewusstsein der Bevölkerung für die Umwelt- und Artenprobleme, welche fatale Folgen wie Klimaerwärmung oder Überschwemmungen nach sich ziehen, stärken. WWF hat für dieses Vorhaben mehrere Möglichkeiten.
- Sie können zum einen die Kanäle nutzen und diese über andere Medien wie E-Mail, Post, Links in TV-Spots sowie auf deren Internetauftritt bewerben, um die Anzahl der Follower auf eine schnelle Weise zu erhöhen.
- Ferner kann der WWF teilbaren und ansprechenden Content, der zugleich tiefe Emotionen bei den Followern und potenziellen Anhänger weckt verwenden. Auf diese Weise verbreitet der WWF die Botschaft organisch und zieht eine starke Aufmerksamkeit auf sich. Getötete Delfin- oder Elefantenbabys oder Bilder von indigenen Völkern, die ihren Lebensraum aufgrund eines abgeholzten Regenwaldes aufgeben müssen, sprechen in der Regel die Emotionen der Betrachter an. Auf diese Weise kann der WWF von höheren Spendenbeiträgen profitieren. Sie müssen jedoch ihre Bilder mit den entsprechenden Keywords versehen.

Die beiden Beispiele veranschaulichen wie zwei komplett unterschiedliche Unternehmen vorgehen, um die Anzahl der Follower über Social Media Plattformen und die gewünschten Unternehmens- sowie Organisationsziele zu verwirklichen. Dennoch sollten sich Unternehmen davor hüten, Black-Hat-Techniken anzuwenden.

Die nachfolgenden Handlungsaspekte stellen eine Empfehlung für Anhänger, die das Social Media Marketing praktizieren möchten, dar.

Überprüfung des Standes auf Social Media und eine sinnvolle Verknüpfung mit der lokalen Suchmaschinenoptimierung

Diejenigen, die bereits aktiv Social-Media betreiben, sollten ihren Status überprüfen. Unternehmen, die noch keine Seite kreiert haben, können von vorne anfangen. Unabhängig von ihrer aktuellen Position sollten Organisationen kontrollieren, auf welchen Channels sie aktiv sind. Ein Vergleich zwischen den Kanälen lohnt sich in jeglicher Hinsicht. Manche Social-Media-Webseiten eignen sich für bestimmte Unternehmen besser als andere Plattformen. WWF ist mittlerweile mit seinen atemberaubenden und emotionalen Bildern bei Instagram besser aufgehoben als bei Facebook. Personaldienstleister, die wiederum neue Kunden und Bewerber gewinnen möchten, werden mit ihren Aktivitäten auf Xing, LinkedIn oder Facebook mehr Erfolg haben als bei Twitter oder Instagram. Eine Analyse des aktuellen Publikums ist nie verkehrt, da von diesem die Umsätze oder Spendenbeiträge abhängen. Eine Restrukturierung des Inhalts ist ebenfalls empfehlenswert.

Unternehmen sollten jedoch ihrem Post einen sogenannten Geotag beifügen. Auf diese Weise kombinieren sie SEO mit Social Media. Ferner ist die Standortangabe des Unternehmens im Business-Profil ein Muss, denn dadurch steigt die Wahrscheinlichkeit beim lokal SEO gefunden zu werden. Außerdem grenzt sich ein Unternehmen auf diese Weise ideal von der Konkurrenz ab. Die Werbeanzeigen sollen sowohl mit der Postleitzahl als auch mit dem Städtenamen individualisiert werden. Die Handlungsaufforderung namens „Route planen" oder „Jetzt anrufen" erhöhen nicht nur den Rang im Suchmaschinen-Ranking, sondern auch die Wahrscheinlichkeit, dass Kunden tatsächlich in Aktion treten. Auch auf Social Media kann ein Unternehmensprofil mit dem beliebtesten Online-Verzeichnis namens Yelp erstellt werden.

❶ Positives Markenbild kreieren

Namhafte Mitarbeiter von Google haben in Interviews bestätigt, wie wichtig die Ansicht der Follower einer bestimmten Marke für das Ranking sein kann. Laut ihnen sollten Unternehmer sämtliche Hebel in Bewegung setzen, um positive Erwähnungen ihrer Marke auf den sozialen Kanälen als auch in den Foren zu fördern.

❷ Strategische Partnerschaften erstellen

Die Mehrheit der Unternehmer verfolgt bei ihren Social-Media-Strategien nach wie vor die erste Strategie, welche in einer systematischen Weitergabe der Inhalte in sozialen Medien besteht. Soziale Netzwerke können jedoch auch dazu dienen, strategische Beziehungen aufzubauen, aus welchen sich echte Partnerschaften entwickeln können. Um eine Partnerschaft zu erschaffen, sind jedoch drei Schritte notwendig.

- Markenfans
  Markenliebhaber sind nichts weiter als aktive Nutzer, welche die Inhalte geteilt und geliked haben. Sie haben den Markennamen in den sozialen Medien positiv verbreitet. Aktive Nutzer von Social-Media-Kanälen multiplizieren die Effektivität einer Unternehmensmarke gebührenfrei.
- Organische Influencer
  Organische Influencer unterscheiden sich von den bezahlten Influencern. Bei organischen Influencern handelt es sich um Profile von Nutzern, die dank ihres erworbenen Fachwissens einen Einfluss auf die Marke haben. Ferner verfügen sie über Autorität und eine hohe Vertrauenswürdigkeit. Ihre positiven Verbreitungen wirken sich dementsprechend auch beim Publikum aus.
- Strategische Partner
  Strategische Partner stellen Profile für nicht wettbewerbsfähige Organisationen oder einflussreiche Persönlichkeiten der jeweiligen Branche dar. Sie dienen dem Erstellen von sinnvollen Inhalten und dem Erfahrungsaustausch, die beiden Partner einen Vorteil verschaffen.

Aufgrund der hohen Rolle, die Social Media Plattformen im Alltag der zahlreichen Firmen und Privatpersonen einnehmen, zahlt sich für die Mehrheit der Unternehmen das Agieren auf den Channels in jeglicher Hinsicht aus. Sie können ein größeres Publikum erreichen und somit ihren Umsatz steigern. International tätige Unternehmen wie L´Oreal Cosmetics, Nestlé oder die Automarke BMW sollten aufgrund ihrer weltweiten Bekanntheit zudem stets eine Unternehmensseite in der englischen Sprache auf den sozialen Plattformen kreieren. Das sind sie ihren weltweiten Abnehmern schuldig.

Den Erfolg von SEO messen und nachweisen

7.0

Um den Erfolg von SEO messen zu können, benötigen Unternehmen die Kenntnis ihrer Key Performance Indicators (kurz KPI). Das sind Schlüsselkennzahlen anhand welcher Online-Marketingfachleute den Erfolg einer Website messen und nachweisen können. Das kontinuierliche Monitoring der Kennzahlen ist eine Maßnahme, die der Erfolgssicherung dient. Webmaster, die ihre erstellte Performance kennen und die suchmaschinenoptimierten Daten nach einem festgelegten Schema beobachten und im Anschluss auswerten, sind dazu in der Lage, ihre SEO-Maßnahmen effektiv zu lenken. Damit erhöhen sie den Traffic und die Conversions. Dieses Kapitel stellt ausführlich dar, welche KPIs Personen, die sich mit SEO auseinandersetzen, im Blick haben sollten. Bei der Suche nach den passenden Indikatoren lohnt sich ein erneutes Vergegenwärtigen der Ziele, welche die Suchmaschinenoptimierung verfolgt und wofür sie steht. SEO-Maßnahmen stehen für alle Mühen, die Webmaster auf sich nehmen, um die Sichtbarkeit einer Webseite in den Suchmaschinen zu verbessern und somit ein gutes Ranking in den unentgeltlichen Suchergebnissen zu erzielen sowie regelmäßig neue Besucher zu gewinnen. Bei einer Darstellung der Reihenfolge der Erfolgskontrolle machen die Rankings den Anfang. Im Anschluss folgen die Impressions und danach die Clicks. Diese befinden sich auf derselben Stufe wie der Traffic. Nach dem Traffic kommt die Interaktion. Zuletzt folgen die Conversions.

7.1 DARSTELLUNG DES TRAFFIC-KANALS.

On- und Off-Page-Bemühungen verfolgen das Ziel, Webseiteninhalte, die mithilfe von Suchmaschinen indexiert werden können unter der Verwendung von relevanten Schlüsselbegriffen möglichst weit oben zu positionieren. Aus dieser Erklärung geht hervor, dass SEO die Aufgabe eines Traffic-Lieferants erfüllt. Die Google Analyse beweist diesen Zusammenhang. Sie stellt Webmastern Suchanalyse-Kennzahlen, wie Rankings, Impressions und Clicks zur Verfügung. Erfahrene Webadministratoren lassen die Ergebnisse der Google Search Console mit in die Bewertung einfließen. Sie liefert einen guten Überblick über den Stand und die Entwicklung der Klickraten und Impressionen einer URL.

Traffic liebt Conversions

Tiefgreifendes und unbestreitbares SEO endet jedoch nicht beim Thema „Traffic", sondern fokussiert sich auf den kompletten Prozess der User und deren Verhaltensweisen. Sie fließen alle in die Steuerung der SEO-Bemühungen mit ein. Webseiten können letztlich nur dann von einem langfristigen Erfolg ausgehen, wenn sie die Erwartungen ihrer Nutzer erfüllen. Außerdem muss der dargebotene Traffic auf die wichtigsten Unternehmensziele sowie Conversions eingehen. Google Analytics bietet sich als hilfreiches Tool an, um diesen Conversion-Tunnel zu verstehen. Zu den Daten, die bei einer suchmaschinenoptimierten Erfolgskontrolle beachtet werden sollen, gehören die nachfolgenden Kennzahlen:

Visits (Seitenaufrufe)

Die Kennziffer Visits steht für die organischen Besucher aus den verschiedenen Suchmaschinen. Dieser KPI stellt das Verbindungselement zu den Clicks aus der bereits dargestellten Google Search Console dar. Die Daten sind jedoch keineswegs zu 100 % analog zueinander.

Außerdem können mehrere Adclicks auch nur einen einzigen Visit zur Folge haben. Darin liegt der Grund für eine Differenz. Damit ein neuer Visit verzeichnet wird, muss der letzte Besuch der Webseite ein wenig zurückliegen. Nutzer müssen deutlich getrennt werden können, damit unterschiedliche Visits registriert werden. Des Weiteren brechen Besucher des Öfteren den Webseitenbesuch ab, ehe ein Visit erfasst wurde. Eine Erfassung des Werbemittels findet dennoch statt. Das genannte Phänomen ist häufig eine Begleiterscheinung von Webseiten, die sich durch eine besonders lange Ladezeit auszeichnen. Ferner wurde dabei der Zählimpuls des Trackings auf der jeweiligen Landingpage noch nicht ausgelöst. Dennoch sind Abweichungen zwischen Klicks und Visits unvermeidbar. Deshalb lohnt sich eine sorgfältige Einstellung der zugehörigen Trackingtools sowie eine exakte Betrachtung der Analyse und der daraus ermittelten Ergebnisse.

Bounce Rate & Time on Site (Absprungrate und Verweildauer)

In Abhängigkeit von der Zielsetzung des Inhalts oder der Seitenvariante fungieren Nutzer-Metriken wie die Absprungrate, deren englischer Begriff "Bounce Rate" lautet, sowie die Verweildauer, die auf Englisch "Time on Site" heißt, als gute Indikatoren und liefern Auskunft darüber, ob User auch wirklich das gefunden haben, wonach sie gesucht haben. Experten definieren einen Absprung als den Besuch einer einzigen Unterseite eines Online-Auftritts.

Google Analytics bezeichnet einen Absprung als den Besuch einer einzigen Landingpage, woraufhin ein Verlassen des Webauftritts stattfindet, ohne dass weitere Besuche oder Anfragen an den Server ausgelöst werden. Eine Absprungrate besteht somit aus den Besuchen einer einzelnen Seite, die anschließend durch sämtliche Sitzungen dividiert wird.

Sie stellt also den Prozentsatz der jeweiligen Sitzungen auf einer Webseite, bei welche, die Besucher lediglich eine Seite anklicken und somit nur eine einzelne Anfrage an den Server gesendet wird, dar. Des Weiteren beläuft sich die Sitzungsdauer derartiger Besuche auf 0 Sekunden.

Ob jedoch eine hohe Absprungrate ein schlechtes Zeichen ist, hängt von unterschiedlichen Faktoren ab. Verlangt der Erfolg einer Webseite ein Aufrufen mehrerer einzelner Seiten, dann ist die Absprungrate bei einem solchen Online-Auftritt ein schlechtes Zeichen. Das trifft vor allem bei Nachrichtenartikeln, Produktseiten sowie Bezahlvorgängen zu.

Handelt es sich jedoch bei der jeweiligen Webseite um eine einzelne Seite wie einen Blog, stellt die hohe Absprungrate kein schlechtes Zeichen dar, denn es sind keine weiteren Seitenbesuche zu erwarten.

Conversion-Rate und Sales (Konversionsrate und Umsatz)

SEO-Traffic kann nur dann monetär bewertet werden, wenn die Conversionsziele ausgewertet werden können. An dieser Stelle spielt jedoch das genutzte Attributionsmodell eine wichtige Rolle. Denn bei einem Vergleich der Kennziffern mit weiteren Marketing-Kanälen, lässt sich ein interner Benchmark realisieren. Die Conversion-Rate übernimmt hierbei die Schlüsselrolle. Sie stellt eine Messgröße, wenn Online-Shops den Erfolg von Affiliate-Kampagnen sowie die Wirkung ihres Keyword-Marketings ermitteln wollen, dar. Außerdem spiegelt die Conversion-Rate ein bekanntes Phänomen wider. Sie beweist, dass trotz einer umfangreichen Marketing-Kampagne zwar die Anzahl der Seitenbesucher ansteigt, aber dennoch keine Steigerung von Neukundenregistrierungen stattfindet. Die Conversion-Rate erklärt die Ursachen dieses Phänomens. Außerdem kann sie die Wirkung von Werbemaßnahmen messen. Webdesigner oder Unternehmen, die Werbemaßnahmen tätigen, erfahren, wie viele Klicks in einer Prozentangabe zu einer entsprechenden Kundenaktion geführt haben. Im Anschluss erfolgt eine Feingliederung in Macro- und in Micro-Conversion-Rate. Bei einem Online-Shop zählt laut dieser Unterteilung eine Produktbestellung zu der Macro-Conversion-Rate, wohingegen das Anklicken des zugehörigen Banners in die Kategorie der Micro-Conversion-Rate fällt. Daraus folgt eine Überschneidung der Begriffe Click-Through-Rate sowie Micro-

Conversion-Rate. Auf diese Weise findet eine Verhältnissetzung der Conversion Rate zu der gesamten Besucherzahl statt. Das treibt wiederum den Erfolg der Werbemaßnahme an.

Im Marketing fungiert die Conversion-Rate als Umsatz- sowie Umwandlungsrate. Da sie überwiegend als Kontrollinstrument für Online-Marketing-Aktivitäten dient, tritt sie größtenteils im Kontext mit dem Marketing auf. Die Conversion-Rate ermittelt, wie viele Webseitenbesucher zu Produkt- oder Dienstleistungsabnehmern werden. Ferner definiert sie, wie viele Besucher einen Lead getätigt haben. Die Berechnung der Conversion-Rate findet mit der nachfolgenden Formel statt:

$$\text{ConversionRate}=\frac{Anzahl\ Transaktionen}{Anzahl\ Visits} * 100$$

Die Berechnung liefert ein Ergebnis in einem Prozentwert. Wobei ein höherer Prozentwert positiver gewertet wird als eine niedrigere Ziffer. Die Formel stellt jedoch eine Verallgemeinerung dar, da sie nicht die Besucherzahl der Wiederholungsbesucher beinhaltet. Um diese Ergebnisverfälschung zu bereinigen, müssen die Unique Visitors herangezogen werden. Dementsprechend lautet die abgewandelte Formel folgendermaßen:

$$\text{ConversionRate}=\frac{Anzahl\ Transaktionen\ Unique\ Visitor}{Anzahl\ Visits\ Unique\ Visitor} * 100$$

Das nachfolgende Beispiel dient des besseren Verständnisses und der Verdeutlichung des Zusammenhangs. Dabei handelt es sich um einen Onlineshop, der handgefertigte Schuhe produziert. Um festzustellen, ob kürzlich getätigte Marketingaktivitäten ihren entsprechenden Effekt erzielt haben, erfolgt eine Darstellung der Inhaber der Conversion-Rate der Website mit den folgenden Daten:

$$\text{ConversionRate}=\frac{100}{500} * 100$$

Das Ergebnis liefert eine Conversion-Rate in Höhe von zwei Prozent, was für ein Unternehmen dieser Größe als positiv zu bewerten ist.

Cost-per-Acquisition (Kosten pro Aktion)

Wenn die Webseitenbetreiber die Kosten je Marketing-Kanal in der Werbeanalyse hinterlassen haben, können auch die Cost-per-Acquisition eine wertvolle Kennziffer darstellen, die beim Beurteilen des SEO-Erfolgs hilft. Cost-per-Acquisition definiert das Verhältnis der eingesetzten Kosten zum Verwirklichen eines Conversionziels. An dieser Stelle lohnt sich ein Benchmarking mit weiteren Marketing-Kanälen.

7.2

EIN BLICK HINTER DIE KULISSEN DER SUCHMASCHINENOPTIMIERUNG

Im Hinblick auf die Überprüfung des Erfolgs beginnt bei der Suchmaschinenoptimierung alles beim Ranking. Das Geheimnis des Erfolgs liegt jedoch im Detail. Aus diesem Grund erfolgt eine detaillierte Darstellung des Rankings und der damit verbundenen Kennziffern, die in einem suchmaschinenoptimierten Reporting und Monitoring berücksichtigt werden müssen. Die Rankings und die Sichtbarkeit hängen unmittelbar zusammen. Im Grunde genommen liefert die Google Search Console einen guten Einblick über die Rankings der eigenen Webseite. Sie fungiert als kostenlose Quelle für relevante Daten. Das Problem besteht im Vorliegen des Datenformats. In der Form, in der die Daten vorliegen, gestaltet sich eine Auswertung eher als kompliziert. Deshalb bedienen sich zahlreiche Webmaster eines weiteren und individuellen Keyword-Trackings über diverse Internet Tools.

Des Weiteren lohnt sich bei der suchmaschinenoptimierten Überwachung ein Blick auf die Konkurrenz (eine sogenannte Konkurrenzanalyse). Der Verlass auf die Google Search Console reicht für das Überprüfen des SEO-Erfolgs nicht aus.

Für das Kreieren eines guten Gesamtbildes über die Performance der jeweiligen Schlüsselbegriffe lohnt sich die Darstellung eines Sichtbarkeitsindexes. Unterschiedliche Tool Anbieter wie Sistrix oder Searchmetrics können dabei behilflich sein. Sie stellen mit ihrer Kennziffer einen generischen Eindruck, wie sich das Ranking aus dem gewählten Zeitraum im Vergleich zum Wettbewerb entwickelt hat, dar. Es gibt Themenbereiche, für welche die genannten Tools durchaus von Bedeutung sein können, auch wenn die genutzten Rankingdaten nicht selbst bestimmt wurden. Diejenigen, welche die sogenannte Blackbox verlassen, kommen um die Definition eines eigenen Keyword Sets nicht herum. Sie können daraus eigene Sichtbarkeiten errechnen. Zahlreiche Tool Anbieter gestatten dabei gute Lösungen.

7.3

DIE BEDEUTUNG DER OFFPAGE-KENNZAHLEN

Backlinks gehören nach wie vor zu den bedeutendsten Rankingfaktoren. Aus diesem Grund lohnt sich eine Beobachtung der Entwicklung der Domainpopularität. Eine quantitative Bewertung von einlaufenden Links steht jedoch nicht für eine brauchbare Aussage über die tatsächliche Beschaffenheit der Backlinks. Vielmehr ist die Qualität der Backlinks wichtig. Deshalb sind hierbei Domain Authority (DA), SpamScore, Trustflow sowie der Page Authority (PA) zu prüfen.

Gehen aus der Analyse der Domainpopularität etwaige Unstimmigkeiten hervor, lohnt sich eine übereinstimmende Detailanalyse. Erfahrene SEO-Experten überwachen deshalb sowohl die eigene Domainpopularität als auch die der Konkurrenz.

Suchanfragen nach einem ausgewählten Brand

Backlinks stellen nicht den einzigen wichtigen Aspekt im Offpage-Bereich dar. Der Bekanntheitsgrad der Marke ist ebenfalls ein entscheidender Faktor. Unternehmen, die es schaffen, eine höhere Nachfrage zu realisieren, erzielen dementsprechend Vorteile im Ranking. Suchmaschinen geben Brand-Suchanfragen der User und deren Belange preis. Google kann einfach feststellen, wie oft Suchende einen Markennamen allein oder im Zusammenhang mit anderen Schlagworten in die Suchleiste eingetippt haben. Im SEO-Monitoring spielt diese Kennziffer eine wichtige Rolle. Aus diesem Grund kann die Google Search Console Angaben der Clicks- und Impressions-Daten sowohl nach generischen als auch nach markenbezogenen Schlagworten aufzeigen. Deshalb dokumentieren Webseitenanalysten innerhalb ihrer SEO-Performance-Reportings die Brand- und Non-Brand Keyword-Clicks und -Impressions in einem separaten Chart.

Darüber hinaus leistet eine Dokumentation über die Markenbekanntheit und ein Vergleich mit der Konkurrenz basierend auf den Suchvolumendaten des Google AdWords und Keyword Planners einen enormen Beitrag zur Verbesserung des Webseitenrankings.

Fehler und Statistiken des Crawling

Googles Crawlingstatistik zeigt an, wie oft und mit was für einer Performance der Google Bot im ausgewählten Zeitraum die jeweilige URL gecrawlt hat. Bei Vorliegen von besonderen Schwankungen, sollte eine exakte Logfile-Überprüfung als Maßnahme erfolgen. Außerdem zeigt die Google Search Console an, welche Fehler oder sonstige Schwierigkeiten der Google Bot beim Crawling zu bewältigen hatte. Dementsprechend trägt eine regelmäßige Kontrolle dieser Kennzahlen zu einer Verbesserung des Rankings der Webseite bei, wenn die beschriebenen Probleme identifiziert und mit geeigneten Methoden beseitigt werden. Aus diesem Grund dürfen diese Kennzahlen in einem vollständigen suchmaschinenoptimierten Reporting nicht fehlen.

Clicks und Traffic – eine saubere Trennung der Daten

Wenn die Analyse der Clicks in den Suchanalyse-Dateien der Google Search Console endet, fängt der Traffic der organischen Suche in Google Analytics an. Zahlreiche Anfänger vermuten, dass die Menge der Clicks vergleichbar mit den Traffic-Daten ist. Dies trifft jedoch nicht zu. Bei der Datenerfassung liegen Limitierungen vor. Trackingdaten können in Google Analytics nur dann einfließen, wenn der übereinstimmende Code stets einwandfrei eingebunden ist. Falls dieser am Ende eines Textes angegeben ist, der Webseitenbesucher jedoch eher auf einen anderen Link klickt und aus diesem Grund die Seite verlässt, kann dieser Seitenbesuch nicht mehr gezählt werden. Außerdem kann das Blockieren von JavaScripten sowie die Nutzung von weiteren Tools, wie z.B. Browser-Addons zur Abschaltung von Google Analytics, eine Aufzeichnung des Datenverkehrs der User abwehren. Des Weiteren ist Google Analytics auf eine klare Anweisung angewiesen. In der Praxis passiert es oft, dass Ausschnitte des SEA-Traffics zum SEO-Kanal gezählt werden. Das liegt an einer fehlenden Verknüpfung von Google AdWords zum Google-Analytics-Konto. Es können jedoch auch weitere fehlerhafte Einstellungen dafür verantwortlich sein. Wenn die Kennzahlen zwischen Google Analytics und der Google Search Console weit auseinanderklaffen, lohnt sich eine Überprüfung dieses Aspekts. Aus Datenschutzgründen sammelt und zeigt Google nicht alle Daten in der Google Search Console an. Suchanfragen, die Nutzer selten durchführen, werden nicht berücksichtigt. Anfragen, die personenbezogene Daten oder vertrauliche Informationen enthalten, finden ebenso keine Beachtung.

Verschiedene Messungen und Verarbeitungen der relevanten Daten

Die Basisdefinition für die Datenberechnung ist bei jedem Tool anders. Die Statistiken der Google Search Console können sich von weiteren Quellen differenzieren, da jedes Tool die Besuche von Bots anders bewertet.

Auch bei der Bewertung der Einschränkungen der Suchergebnisse oder dem automatisierten Entfernen von Duplikaten gehen die Tools nicht nach dem gleichen Schema vor.

Das nachfolgende Beispiel dient der Veranschaulichung eines automatischen Entfernens eines Sucheintrags in der Google-Suchmaschine:

Damit du lediglich die relevantesten Ergebnisse erhältst, wurden mehrere Einträge entfernt, die den 99 angezeigten Treffern stark ähneln. Du kannst jedoch bei Bedarf deine Suche unter Berücksichtigung der übersprungenen Ergebnisse erneut tätigen.

Oder:

Manche Ergebnisse wurden höchstwahrscheinlich aufgrund der Bestimmungen des europäischen Datenschutzrechts entfernt. Weitere Informationen...

Darstellung von Black-Hat-SEO

8.0

Black-Hat-SEO steht für eine unerlaubte Vorgehensweise, die manche Webmaster nutzen, um ein besseres Webseiten-Ranking in den Suchergebnissen zu erzielen. Sie verstoßen dabei gegen die Richtlinien. Diese unethische Methode wird jedoch von den Suchmaschinen bestraft. Zu den bekannten Black-Hat-Taktiken gehören das Keyword-Stuffing, Cloaking sowie die Nutzung privater Link-Netzwerke (PBN). Für ein Unternehmen stellt das Erscheinen in den Suchergebnissen eine essenzielle Bedeutung dar. Das Auftauchen fördert das Unternehmens- und damit auch das Umsatzwachstum. Doch wie bei so vielen Dingen im Leben existiert sowohl ein falscher als auch ein richtiger Weg, die Suchmaschinenoptimierung auszuführen. Die dunkle Seite des Black-Hat-SEO ist definitiv die unerwünschte Möglichkeit. Black-Hat-SEO ist darauf erpicht, nach Suchmaschinen-Algorithmen zu suchen, anstatt diese für die jeweiligen Nutzer zu lösen. Diese Taktik verdient sich nicht das Recht in den Suchergebnissen möglichst weit oben zu erscheinen, sondern nutzt stattdessen fragwürdige Methoden, um die Webseiten in die oberen Ränge zu katapultieren. Dementsprechend schadet die Anwendung der Black-Hat-SEO-Techniken einer Webseite und somit auch dem Unternehmen. Die Internetpräsenz wird dadurch verschlechtert und nicht verbessert.

Diejenigen, für die das Thema Suchmaschinenoptimierung ein unbekanntes Terrain ist, sollten sich das Ziel einer gelungenen SEO vor Augen führen. Die Absicht, welche Suchmaschinen wie Google verfolgen, liegt im Präsentieren von optimalen Ergebnissen, wenn Nutzer eine Suche tätigen. Ferner möchten sie sicherstellen, den Usern eine hervorragende Sucherfahrung zu bieten, die von sämtlichem Spam frei ist. Dabei verwenden die Suchmaschinen eine automatische Technik. Ihre Algorithmen verfolgen das Ziel, Aktionen des Black-Hat-SEO zu erkennen und im Anschluss zu bestrafen. Aufgrund des Fortschritts der Suchmaschinen-Algorithmen lohnt sich nicht mehr das Praktizieren des Black-Hat-SEO. Stattdessen sollten sich Webmaster auf das White-Hat-SEO, dessen Methoden in diesem Buch ausführlich erläutert werden, konzentrieren. Diese bietet sich als bessere Alternative zu einer gelungenen Suchmaschinenoptimierung an. White-Hat-SEO berücksichtigt die vorgeschriebenen Regeln.

8.1

BLACK-HAT-SEO-TECHNIKEN

Personen, die sich mit der Suchmaschinenoptimierung befassen, ist der Begriff Keyword-Stuffing bekannt. Bei dieser Methode verwenden die Webseitenbetreiber irrelevante Keywords, um ihren Rang bei den Suchergebnisseiten zu beeinflussen. Allerdings strafen die Nutzer diese Vorgehensweise. Sie sind nicht an unterschiedlichen Keyword-Versionen, die ihnen keinen Mehrwert bieten, interessiert. Ferner fallen derartige Seiten in die Rubrik irrelevante Abfragen. Laut Google bedeutet Keyword-Stuffing das Anfertigen von Telefonlisten ohne jeglichen Mehrwert, kreieren von sinnlosen Textblöcken sowie das Wiederholen von Wörtern oder Sätzen, bis sie künstlich klingen. Das nachfolgende Beispiel steht für ein typisches Keyword-Stuffing zum Thema elektrische Haushaltsgeräte:

> *"Wir verkaufen elektrische Haushaltsgeräte. Elektrische Haushaltsgeräte verkaufen wir. Wenn Sie auf der Suche nach elektrischen Haushaltsgeräten sind, wenden sie sich an uns. Für den Fall, dass sie neue elektrische Haushaltsgeräte benötigen, fragen sie einen unserer Berater der elektrischen Haushaltsgeräte-Abteilung."*

Google erkennt, dass dieser Inhalt nicht nur unnatürlich klingt, sondern auch ein Keyword-Stuffing repräsentiert und straft somit das Ranking der Webseite ab.

Cloaking – eine Black-Hat-SEO-Technik

Beim Claoking kreieren Webmaster unterschiedliche Inhalte. Sie zeigen ihren Usern nicht denselben Teil des Inhalts an wie den Suchmaschinen. Webseiten, die Black-Hat-SEO anwenden, verfolgen auf diese Weise das Ziel, die Rangfolge der Seiteninhalte für eine große Anzahl von Begriffen festzulegen, die für ihren Content bedeutungslos sind. Webseiten, die als Spam-Webseiten agieren, wenden häufig diese Technik an. Sie wollen auf diese Weise verhindern, dass ein Suchmaschinenbot den Spam-Content entdeckt. Denn dann kann er den Usern nicht mehr angezeigt werden.

Allerdings ist eine Anpassung von Webseiteninhalten an unterschiedliche Nutzergruppen erlaubt. Dazu gehört das Verkleinern eines Online-Auftritts, wenn Nutzer von mobilen Endgeräten auf diese zugreifen. Automatische Sprachanpassungen sind ebenfalls akzeptabel. Das bedeutet, wenn jemand von

Spanien aus auf die Seite zugreift, ist es gestattet diesem User die spanische Version anzuzeigen.

Hinterlistige Weiterleitungen anwenden

Weiterleitungen implizieren das Senden von Personen oder Domains anderer Webseiten als auf die, auf welche die User geklickt haben. Black-Hat-SEO nutzt Weiterleitungen nicht zum Zweck, für welchen sie geschaffen wurden. Das Umleiten von stark autoritativen Webseiten mit zahlreichen Backlinks auf bedeutungslose Seiten, um die den Rang in den Suchergebnissen zu verbessern, gehört ebenfalls zu den unethischen Black-Hat-SEO-Techniken. 301-Weiterleitungen leiten die überwiegende Mehrzahl der Autorität von einer Webseite auf einen anderen Online-Auftritt weiter. Somit verwenden Webmaster, die Black-Hat-SEO ausüben, Weiterleitungen lediglich dazu, um ihre Suchergebnisse zu bearbeiten. Weiterleitungen sollten jedoch ausschließlich mit der Absicht verwendet werden, für welche sie auch geschaffen wurden. Dies trifft vor allem bei einer Änderung der Website-Domain oder bei einer Konsolidierung von zwei Inhalten zu. Ferner können bei ausgesuchten Gelegenheiten Webmaster JavaScripte nutzen, um die Webseitenbesucher weiterzuleiten. Das kann bei einem Xing-Profil passieren. In diesem Fall würde ein eingeloggter Nutzer das vollständige Profil, falls dieses nicht gesperrt ist, zu sehen bekommen. Wohingegen nicht eingeloggte Xing-Nutzer bei Google lediglich eine öffentliche Version eines Profils zusehen bekommen. Sneaky-Weiterleitungen hingegen sind ein absolutes Tabu, da sie definitiv gegen die Richtlinien der Google-Suchmaschine verstoßen.

Inhalte mit einer minderwertigen Qualität anbieten

Inhalte, die sich durch eine minderwertige Qualität auszeichnen und den Nutzern keinen Mehrwert bieten, sind typische Black-Hat-SEO-Elemente. Schlechte Inhalte sind solche, die von einer Konkurrenzwebseite, einem Bot oder einer anderen Person abgeschrieben wurden. Es gab Lücken in der Suchmaschinenoptimierung aufgrund derer Google nicht dazu in der Lage war, kopierte Webseiteninhalte zu erkennen. Doch im Jahre 2011 hat ein sogenanntes Panda-Update diese Schwierigkeit beseitigt. Einst war die Mehrzahl der Webseiten, die über einen doppelten Content verfügt, bei den Suchrankings äußerst beliebt. Doch seitdem sich Google im Aufdecken von doppelten Inhalten weiterentwickelt hat, kann die Suchmaschine sowohl minderwertige als auch doppelte Inhalte mühelos erkennen. Des Weiteren ist das Einflechten von unsichtbaren Schlüsselbegriffen in die Seiteninhalte nicht gestattet. Webseitenbetreiber, die Black-Hat-SEO praktizieren, integrieren unsichtbare Keywords in derselben Färbung wie der Webseitenhintergrund in die Texte. Dementsprechend können die verschleierten Schlüsselbegriffe angezeigt werden, selbst wenn auf der jeweiligen Seite kein ersichtlicher Inhalt sichtbar ist. Nutzer, die anschließend auf das Suchergebnis klicken und die Auffassung vertreten, die nachgeschlagene Thematik gefunden zu haben, werden enttäuscht. Sie finden die gesuchten Inhalte leider nicht, da die Keywords verschleiert sind. Hohe Absprungraten resultieren schließlich aus einem unpassenden Content.

Diejenigen, die ihre User bevorzugen, sollten den Content ihrer Webseite nicht ausblenden müssen. Ferner gehören der Köder und der Schalter zu den weiteren unerlaubten schwarzen Mitteln, um die Ergebnisse in den Suchmaschinen zu verfälschen. Bei diesem Ziel erstellen Webmaster einen Content, der sich auf eine Thematik bezieht, für welche sie eine hohe Rangposition verwirklichen möchten. Sobald jedoch die Seiten bei den Suchergebnissen auftauchen, tauschen die Webmaster den Content gegen einen anderen aus. Nutzer ärgern sich jedoch über diese hinterlistige Ködertechnik. Zwar zieht diese Vorgehensweise User und Suchmaschinen gleichermaßen an, sollte dennoch unterlassen werden, da sie keinen guten Weg für ein erfolgreiches SEO darstellt.

Das Verfassen von hochwertigen Inhalten hingegen steht für eine gute White-Hat-SEO-Taktik. Sie ist nicht nur notwendig, um einer Strafmaßnahme zu entgehen, sondern auch um den Internetauftritt abzugrenzen. Dementsprechend sorgen auserlesene Inhalte für einen Vertrauensaufbau der jeweiligen Zielgruppe. Ferner verwandelt ein mit Sorgfalt ausgewählter Content Seitenbesucher zu Kunden.

Missbrauch strukturierter Daten

Strukturierte Daten sind auch unter dem Namen Rich Snippets bekannt. An dieser Stelle haben Webmaster die Möglichkeit, die Anzeiger ihres Webseiteninhaltes auf den Ergebnisseiten von Google sowie den anderen Suchmaschinen umzugestalten. Diese Vorgehensweise bildet ein Alleinstellungsmerkmal und verschafft den Webseitendesignern einen größeren Raum auf den Ergebnisseiten. Sie können dank dieser Methode strukturierte Daten in eine Seite integrieren, welche einen Podcast, ein Rezept sowie zahlreiche Angebote und Leistungen beinhaltet.

Kennzeichnend für Black-Hat-SEO ist das Bereitstellen von ungenauen Inhalten in den strukturierten Daten für Google und weitere Suchmaschinen. Webmaster, die Black-Hat-SEO betreiben, bewerten sich selbst oder ihre Produkte und Dienstleistungen mit fünf Sternen von verfälschten

Bewertungsseiten. Anschließend fügen sie strukturierte Daten hinzu, um diese auf den Suchergebnisseiten zu betonen. Diese Methode ist äußerst riskant und wird nahezu immer aufgedeckt sowie bestraft. Google fordert seine Nutzer dazu auf, Webseiten zu melden, bei welchen die Vermutung eines Datenmissbrauchs nahe liegt. Diese Tatsache sollte einen gewissenhaften Webmaster jedoch nicht davon abbringen, wahrhaftige und exakte Inhalte auf ihren Online-Auftritten zu kennzeichnen. Diejenigen, die wahrheitsgemäße Informationen bereitstellen, müssen sich keine Sorgen machen.

Spam-Kommentare in Blogs hinterlassen

Die Überschrift weist darauf hin, dass bei dieser Black-Hat-SEO-Technik, Webmaster, anstatt Kommentare mit einem Mehrwert zu hinterlassen, lieber einen Link zu ihrer Webseite platzieren. Allerdings kommen Webdesigner mit dieser Taktik nicht mehr so einfach durch, da die Mehrzahl der Suchmaschinen inklusive Google ihren Algorithmus aktualisiert hat. Dadurch unterbinden sie die Link-Funktion in Blog-Kommentaren. Die Mehrheit der Blogs beinhaltet Links, die zu Blog-Kommentaren führen. Dementsprechend folgen Suchmaschinen dem angegebenen Link nicht. Außerdem durchläuft der hinterlassene Link auch keine Autorität. Des Weiteren gehört die Link-Angabe in Blog-Kommentaren zu einer Spam-Methode, die gewissenhafte Webmaster unterlassen sollten. Diejenigen, die über ein Forum, eine Community oder über Blogs verfügen, welche eine Kommentarfunktion integriert haben, sollten regelmäßig kontrollieren, ob der Kommentarbereich von Bots oder sonstigen Personen gesandt wurde. Nicht nur Google, sondern auch andere Suchmaschinen wie Yahoo oder Bing entfernen Webseiten, die nach einer Überprüfung Spam-Inhalte aufweisen.

Linkfarmen – eine hinterlistige Black-Hat-SEO-Taktik

Bei Linkfarmen handelt es sich um eine Webseitensammlung, die lediglich das Ziel der Linkerstellung verfolgt. Jede einzelne Webseite ist dabei mit der Homepage oder den Internetauftritten, die in den Suchmaschinen weit oben erscheinen, verlinkt. Suchmaschinen ordnen Seiten in eine bestimmte Rubrik ein, indem sie auf die Zahl der vorhandenen Links als Bewertungsmaßstab heranziehen, welche auf die Webseite verweisen. Black-Hat-SEO macht sich diesen Prozess zunutze, indem es Linkfarmen verwendet, um die Backlink-Anzahl einer Homepage bewusst zu erhöhen. Linkfarmen zeichnen sich des Öfteren durch einen qualitativ minderwertigen Content sowie durch zahlreiche Links aus. Diese beinhalten in der Regel ein Schlüsselwort, für welches die Seite im Ankertext eine bestimmte Position haben soll. Da gute Suchmaschinen wie Google Link-Farmen ohne jegliche Schwierigkeiten ausfindig machen können, sollten Webmaster das Praktizieren dieser Black-Hat-SEO-Technik unterlassen. Diejenigen, die stattdessen auf White-Hat-SEO zurückgreifen, stehen besser da.

Eine lohnende White-Hat-SEO-Technik ist das Kreieren eines erstaunlichen Contents, der den Usern einen echten Mehrwert bietet. Dieser ist unter anderem mit erklärenden Diagrammen, gut recherchierten Daten, qualitativ hochwertigen Interviews sowie weiteren Inhalten, die eine natürliche Backlink-Erwerbung gestatten, beschrieben.

Das Nutzen von privaten Blog-Netzwerken

Private Blog-Netzwerke (PBN) stehen für eine Aneinanderreihung autorisierender Webserien, die lediglich das Ziel des Link-Buildings verfolgen. Dabei ist jede PBN-Webseite mit einer anderen Seite verknüpft, der sie bei den Suchergebnissen als Verstärkung einen Beistand leisten möchte. Black-Hat-SEOs, welche das Ziel verfolgen ein privates Netzwerk aufzubauen, erwerben in der Regel abgelaufene URLs, die jedoch einen gewissen Autoritätsstatus genossen haben. Sie verfassen dann einen Content, welcher vor dem Ablauf der Domain auf der Webseite präsent war und fügen dann Links zu ihrer Seite hinzu. Sie gehen davon aus, dass Suchmaschinen die Kontrolle ihres selbst geschaffenen Webseiten-Netzwerks nicht aufdecken und stattdessen ihre Homepage bei den Suchergebnissen um ein Vielfaches höher einstufen. Doch mittlerweile erkennen Suchmaschinen sogar private Blog-Netzwerke (PBN). Deshalb müssen Webmaster, die diese Black-Hat-Suchmaschinenoptimierungstechnik nutzen, mit einer Strafmaßnahme rechnen. Folglich lohnt sich eine Fokussierung auf das Erstellen eines einzigartigen Contents. Marketingexperten bevorzugen das Schaffen einer Dachmarke. Das bedeutet, dass Webseitenbetreiber, die ihren Content unter einem Dach aufbewahren, von einer stark autorisierenden Webseite profitieren, da eine große Anzahl von Nutzern auf diese Domain verlinkt.

8.2

GRÜNDE, DIE FÜR EINE VERMEIDUNG VON BLACK-HAT-SEO SPRECHEN

Auch wenn Black-Hat-SEO nicht zu den illegalen Vorgehensweisen gehört, verstößt es dennoch gegen die Webmaster Richtlinien, welche Suchmaschinen bestimmt haben. Letztlich handelt es sich trotzdem um einen Regelverstoß. Deshalb müssen Webmaster, die Black-Hat-SEO anwenden mit einer Strafmaßnahme, die sich auf ihre Homepage nachteilig auswirkt, rechnen. Bei der Erteilung einer Strafe sinkt außerdem der Rang der Webseite in den Suchergebnissen. Im schlimmsten Fall wird sie vollständig gelöscht. Das Resultat ist anschließend ein geringer Traffic und eine Senkung der Kundenanzahl, was wiederum mit Umsatzeinbußen einhergeht. Da die Macher der Suchmaschinen diese kontinuierlich verbessern, können Black-Hat-SEO-Anwender diese nahezu nicht mehr auszutricksen. Black-Hat-SEO liefert weder den Nutzern noch den Suchmaschinen einen Mehrwert. Auch wenn manche Webmaster dank der Black-Hat-SEO-Techniken einen kurzfristigen Gewinnanstieg feststellen konnten, mussten sie im Anschluss einen herben Schlag, der im Entfernen oder Deaktivieren ihrer Seite bestand, hinnehmen.

Die verschwommene Grenze des Grey-Hat-SEO

Techniken, die weder zum Black-Hat-SEO noch zum White-Hat-SEO gehören, zählen zu den Grey-Hat-SEO-Praktiken. Diese setzen sich aus fragwürdigen SEO-Techniken zusammen. Die Suchmaschinen haben diese Vorgehensweisen zwar nicht ausdrücklich untersagt, aber sie sind dennoch nicht empfehlenswert und könnten aus diesem Grund in einer nahen Zukunft verboten werden. Der Trend, dass graue Techniken der Suchmaschinenoptimierung zu schwarzen unerlaubten Praktiken deklariert werden, geht unaufhörlich weiter. Deshalb sollten Webmaster die Anwendung von Grey-Hat-SEO-Techniken mit Vorsicht genießen.

Ratschläge für ein effektives Vermeiden von Black-Hat-SEO-Techniken

Es existiert kein Werkzeug, das die Tatsache, dass Black-Hat-SEO eine riskante und verlustreiche Taktik ist, widerlegen kann. Ferner reicht das Entfernen der Webseite aus den Suchergebnissen als Beweis, wie sinnlos und ineffektiv das Tätigen der schwarzen Techniken der Suchmaschinenoptimierung tatsächlich ist, vollkommen aus. Deshalb werden im Nachfolgenden sogenannte „Best Practices“ vorgestellt, die beim Vermeiden von Black-Hat-SEO-Techniken helfen.

- Webmaster sollten die Webseitenbesucher und die Suchmaschinen auf dieselbe Art behandeln und das Cloaking oder das Austricksen der Suchmaschinen-Crawler, indem sie auf weitere Webseiten leiten, unterbinden.
- Eine Fokussierung auf Lösungsvorschläge für Besucher und das Kreieren einer einwandfreien Nutzererfahrung von der Suchmaschine bis zum Online-Auftritt sollte das Ziel der Webmaster darstellen.
- Qualitativ auserlesene Texte, die frei von jeglichen Keyword-Stuffing sind, erhöhen den Erfolgsfaktor. Das Verkratzen, abkupfern oder umformulieren von einem Content, der einem anderen Urheber gehört, liefert weder den Nutzern noch den Webmastern einen Mehrwert. Deshalb lohnt sich das Berücksichtigen von Inhaltsrichtlinien, ehe Webmaster ihre Seite veröffentlichen.
- Das Einhalten der Regeln beim Einflechten der strukturierten Daten zur Webseite sichert den Erfolgsfaktor.
- Eine Sicherstellung der ergänzenden Markierung des Schemas, welche die Benutzer nicht in die Irre führen, ist empfehlenswert.
- Bilden von privaten Blognetzwerken, um die Anzahl der Links zu erhöhen, ist eine Tabumaßnahme.
- Es lohnt sich eine einzigartige Webseite zu erstellen, welche die Nutzer aufgrund des hervorragenden Contents anlockt, anstatt diese zu fälschen, zu kopieren oder umzuschreiben ohne weitere Informationen hinzuzufügen.
- Regelmäßiges Nachschlagen der Richtlinien für Webmaster hilft den Webseitendesignern stets auf dem aktuellen Stand der Dinge zu sein, ohne unwissentlich Black-Hat-SEO-Techniken zu praktizieren.

Der Fokus liegt jedoch nicht im Klären der Frage: „Wie kann ich erfolgreich einer Google-Strafe entgehen?“ Wenn Webmaster sich die Frage stellen müssen, ob sich ihre Vorgehensweise mit den Black-Hat-SEO-Techniken deckt, können sie davon ausgehen, dass dies der Fall ist. Deshalb stellen White-Hat-SEO-Strategien einen besseren Lösungsansatz dar. Langfristig zahlt sich diese Vorgehensweise aus. Webmaster müssen keine Strafe oder gar Beseitigung ihrer Seite fürchten. Deshalb lohnt sich das Vermeiden der Black-Hat-SEO-Techniken in jeglicher Hinsicht.

Ranking Algorithmus von Amazon und die Amazon-Suchmaschinenoptimierung

9.0

Das nachfolgende Kapitel widmet sich der entscheidenden Funktionsweise des Amazon Ranking Algorithmus. Es erfolgt jedoch keine Darstellung der notwendigen Einzelmaßnahmen zu einer Optimierung des Rankings von Amazon. Händler und Verkäufer, die jedoch darauf aus sind, ihren Verkaufsrang auf der Amazon-Verkaufsplattform zu optimieren, können mit diesem Kapitel ihren Wissenshorizont erweitern. Nutzer, welche die Aspekte des Ranking Algorithmus von Amazon und dessen wichtige Zusammenhänge nachvollziehen können, sind auch dazu in der Lage, ihre Einfälle und Marketingstrategien zur Optimierung eines Amazon Bestseller Rangs anzufertigen. Die nachfolgenden Hinweise können als Hilfestellung für das Gebiet Amazon SEO dienen.

9.1

PRODUKTE, DIE GANZ OBEN AUFTAUCHEN SIND GEWINNER

Experten haben bestätigt, dass die Mehrzahl der Amazon-Kunden die herkömmliche Suche praktiziert, um geeignete Produkte ausfindig zu machen. Die anderen Käufer gelangen dank externen Links, Bestsellerlisten oder Filtern zu den Angeboten. User betrachten lediglich die Ergebnisse auf der ersten Seite. Eine Minderheit klickt bis Seite drei durch. Der Anteil der Nutzer, der sogar weiterklickt, ist äußerst gering. Dementsprechend gilt auf der Verkaufsplattform Amazon dasselbe Erfolgsgeheimnis wie bei Google. Unternehmen, die oben auftauchen, gehen in der Regel als Gewinner aus der Suche hervor.

Amazon verfolgt das Prinzip, den Nutzern Produkte zu präsentieren, welche diese höchstwahrscheinlich erwerben werden

Amazon ist darauf erpicht, möglichst viele Käufe auf der Plattform abzuwickeln. Denn das Unternehmen genießt bei jedem getätigten Verkauf eine Provision. Deshalb muss ein User nach einer vollbrachten Suche mindestens ein Produkt auf den Ergebnisseiten anklicken und im Anschluss kaufen, damit Amazon seinen Plan erfolgreich vollendet. Deshalb ist Amazon daran interessiert, Nutzern Angebote zu präsentieren, die exakt auf ihre Wünsche zugeschnitten sind. Für das Verwirklichen dieses Plans nutzt Amazon zwei Schritte. Im Schritt eins findet eine Filtration der passenden Produkte statt. Danach erfolgt eine Sortierung und Anordnung der Angebote. Ein automatischer Ranking Algorithmus bestimmt wiederum die Anordnung.

Filtration inhaltlich passender Produkte (1. Schritt)

Auf Amazon.de können Nutzer mehr als 100 Millionen Produkte erwerben. Die Anzahl steigt jedoch kontinuierlich an. User bekunden allerdings ihr Interesse lediglich an einem kleinen Ausschnitt der dargebotenen Produkte. Mithilfe einer Suchanfrage erwarten sie die Anzeige der nachgefragten Produkte. Amazon ist für eine gelungene Interpretation der Anfrage und die Auswahl der Teilmenge des Sortiments verantwortlich. Um die richtige Wahl zu treffen, zieht Amazon zwei Kriterien heran. Zum einen müssen die gefundenen Produkte die eingegebenen Suchbegriffe beinhalten. Während des Auswahlprozesses zieht Amazon unterschiedliche Informationsfelder des Produkts wie Titel, Aufzählungszeichen, Beschreibung, Suchbegriffe, Marke, Händlername sowie weitere Produktinformationen wie Farbe heran. Wenn ein Nutzer einen roten Lederrucksack mit Nieten in Silber sucht, muss das angezeigte Angebot die Keywords rot, Lederrucksack, Nieten und Silber enthalten. Amazon lässt jedoch gezielt Füllwörter wie mit und in aus dem Suchprozess heraus. Dabei ignoriert Amazon den Unterschied zwischen der Groß- und Kleinschreibung. Singular- und Plural Unterschiede berücksichtigt die Verkaufsplattform ebenfalls nicht. Die Suchbegriffe müssen lediglich alle im selben Informationsfeld präsent sein. Aus diesem Grund umfassen die Händler ihre Angebote mit einem umfangreichen Satz an bedeutenden Suchbegriffen. Sie gehen insbesondere auf die Besonderheiten und Extras der Produkte tiefer ein. Doch nicht nur die Keywords, sondern auch das Hauptbild ist für ein gutes Suchergebnis unabdingbar. Dabei stellt das Hauptbild das jeweilige Produkt komplett dar, ohne auf irgendwelche Details einzugehen. Die Nutzer sehen bei diesem Abbild das gesamte Erzeugnis und nicht lediglich einen Teil oder einen Ausschnitt des Fabrikats.

Sortierung der passenden Produkte nach ihrer Kaufwahrscheinlichkeit (2. Schritt)

Nach der inhaltlichen Filtration erfolgt die Darstellung der Produkte mithilfe eines Rankings. Dieses schafft eine bessere Übersichtlichkeit dank einer Liste, die aus mehreren Seiten besteht. Außerdem kann Amazon dank des Verkaufsrangs die Angebote, welche User am schnellsten finden, anzeigen. Der Ranking Algorithmus bestimmt dabei die Reihenfolge der Position der Produkte. Er berücksichtigt dabei unterschiedliche Produkteigenschaften, gewichtet diese und weist im Anschluss dem Angebot eine Position zu, welche den relativen Rangplatz in der Liste festlegt. Wie bereits im vorherigen Abschnitt erwähnt, verfolgt Amazon das Ziel, mit seinem Ranking möglichst eine große Anzahl an Käufen zu generieren. Wenn das Ranking gut dargestellt ist, profitieren Kunden von einem schnellen Abwicklungsprozess. Deshalb ordnet Amazon die Produkte nach der Kaufwahrscheinlichkeit an. Für diese ist jedoch eine Berücksichtigung von zwei Faktoren notwendig. Die erste Gruppe der Faktoren nennt sich Performance-Faktoren. Sie stellen die gewünschte Leistung des Angebots dar und sind mit Metriken wie der Klickrate, Conversion Rate sowie mit dem getätigten Absatz erfasst.

Sogenannte Relevanz-Faktoren bilden die zweite Gruppe der relevanten Faktoren ab. Sie ermitteln wie gut ein Angebot zu einer getätigten Suchanfrage passt. Keywords sind der Schlüsselfaktor zur Ermittlung der Relevanz-Faktoren. Amazon präsentiert den Usern auf diese Weise Produkte, die in der Vergangenheit von einem hohen Verkaufserfolg profitiert haben und eine hohe inhaltliche Relevanz mit der Suchanfrage aufweisen. Je höher diese ist, umso höher ist der Absatz. Ein hoher Absatz impliziert eine bessere Provision für Amazon. Die Amazon Ranking Optimierung verlangt von den Händlern eine Relevanzsteigerung unter Zuhilfenahme von bedeutenden Keywords. Attraktive Produktbedingungen und Darstellungen wirken sich positiv auf die Kaufwahrscheinlichkeit aus. Der Fokus liegt auf den Keywords, denn diese erhöhen die Entscheidungsfreude. Aus diesem Grund lohnt sich eine Optimierung der Relevanz im Hinblick auf die Keywords. Im nachfolgenden Kapitel erfolgt eine Darstellung der Performance- und Relevanz-Faktoren.

Performance-Faktoren legen ihren Fokus auf bewährte und erfolgreiche Produkte

Produkte, die sich in der Vergangenheit durch eine einwandfreie Performance ausgezeichnet haben, profitieren von einer besseren Rankingposition. Schließlich stehen diese für eine höhere Kaufwahrscheinlichkeit. Bei Amazon beinhaltet der Begriff Performance die drei Kennzahlen:

- Absatz
- Klickrate
- Conversion Rate

Bei der Absatzanalyse haben sich insbesondere beliebte Produkte bewährt, da diese Artikel weitere Kunden zu Käufen animieren. **Absatzstarke** Produkte profitieren nicht nur von einer hohen Rangposition, sondern auch von einem Bestseller-Rang in ihrer jeweiligen Produktkategorie. Für ein Nachvollziehen der Bedeutung der Klickrate und Conversion Rate ist eine Abbildung des Kaufprozesses bei Amazon erforderlich. Nach dem ersten Schritt eines Users, der in der Suchanfrage besteht, erfolgt das Anklicken des Produktes, um eine

Weiterleitung auf die Produktseite zu realisieren. Der Kauf erfordert jedoch einen weiteren Klick. Die genannten zwei Schritte werden unter Zuhilfenahme der Klickrate und Conversion Rate gemessen. Die Klickrate gibt die Häufigkeit des Anklickens eines Produkts der User wieder. Ein häufiges Anklicken repräsentiert eine hohe Produktattraktivität. Produkte, die oft angezeigt, jedoch so gut wie nie angeklickt werden, symbolisieren einen geringen Attraktivitätsgrad. Angebote, welche Nutzer nicht anklicken, werden auch nie gekauft. Die Kaufwahrscheinlichkeit beträgt deshalb 0 Prozent. Im Gegensatz dazu profitieren Produkte, die oft angeklickt werden, auch von einem höheren Verkaufsrang, da das Anklicken die Kaufwahrscheinlichkeit erhöht. Produkte weisen jedoch keine allgemeingültige Klickrate auf. Diese hängt von den Keywords und dem Ranking ab. Eine Tasche profitiert beim Keyword „Tasche" von einer höheren Klickrate als beim Keyword „Mobiltelefon". Des Weiteren erzielt ein Produkt auf Platz eins eine weitaus höhere Klickrate als ein Produkt, welches sich lediglich auf Rang 34 befindet. Deshalb erfolgt eine Ermittlung der Klickrate anhand einer Keyword- und Rankingspezifikation. Hat beim Keyword „Designer Damentasche" das Modell von Michael Kors auf Platz eins eine geringe Klickrate als die „Designer Tasche" von Armani auf Platz eins hat, dann wird die Armani Handtasche über der Michael Kors Version stehen. Das Prinzip ist denkbar einfach und lautet: *Je höher die Klickrate eines Produkts bei einem speziellen Keyword, umso höher ist der Verkaufsrang bei Amazon.*

Die Conversion Rate hingegen ist für die Messung des Produktkaufs verantwortlich. Sie gibt die Anzahl der Käufe, nachdem die User die Produktseite inspiziert und das jeweilige Angebot erworben haben, wieder. Produkte, die regelmäßig zum Kauf animieren, stehen für eine große Beliebtheit unter den Kunden. Wohingegen Produkte, die nie gekauft werden, entweder keine relevanten Informationen enthalten oder solche, welche die User von einem Kauf abhalten. Schlechte Rezensionen sind mitunter ein häufiger Grund, die gegen einen Erwerb des jeweiligen Produkts sprechen. Hohe Conversion Raten repräsentieren eine hohe Kaufwahrscheinlichkeit. Aus diesem Grund stehen diese Produkte weiter oben. Analog zur Klickrate variiert auch die Conversion Rate mit der Auswahl der Keywords. Außerdem fungiert die Letztere als Kontrollmittel zur Klickrate. Wenn diese bei einem bestimmten Schlagwort äußerst hoch ist, die zugehörige Conversion Rate jedoch sehr niedrig, spricht das für ein mangelndes Interesse der User, sobald sie das Produkt näher begutachten. Wenn eine Tasche den Titel Michael Kors trägt, das Bild eine solche Tasche darstellt und der Preis lediglich 35 Euro beträgt, werden die User das Produkt anklicken. Steht in der Produktbeschreibung hingegen, dass die Tasche ein Imitat ist, wird nur eine geringe Anzahl der Nutzer die Tasche erwerben. Daraus resultiert eine niedrige Conversion Rate.

Wenn Klickrate und Conversion Rate weit auseinanderklaffen, spricht das gegen die zur Verfügung gestellten Informationen. Sie sind entweder unvollständig oder haben falsche Erwartungen geweckt. Derartige Produkte erfahren beim Ranking einen Abstieg. Performance-Faktoren dienen als wichtiges Bewertungsmittel für Produktkäufe. Die Online-Händler sind nicht daran interessiert, Produkte zu präsentieren, die von einer schlechten Verkaufsrate gekennzeichnet sind. Für nicht verkaufte Produkte erhält auch Amazon keine Provision.

Händler können die Performance-Faktoren mit einer gelungenen Produktdarstellung und entgegenkommenden Produktkonditionen positiv beeinflussen

Für Händler lautet die entscheidende Frage, wie sie die genannten Faktoren beeinflussen können. Sie sollten jedoch wissen, dass ein direkter Einfluss auf die Conversion Rate, Klickrate und den Absatz nicht möglich ist. Dennoch haben Verkäufer und Händler über so gut wie sämtliche Bestandteile, welche die Nutzer dazu animieren ein Angebot anzuklicken und zu kaufen. Sie können die notwendigen Bestandteile den Kundenwünschen entsprechend anpassen und variieren. Somit können sie eine höhere Klickrate und Conversion Rate, die wiederum den Absatz erhöhen, provozieren.

Händler müssen ihr Ziel mit einer indirekten Vorgehensweise verwirklichen. Um festzustellen, auf welche Faktoren die Kaufleute einen Einfluss haben, ist eine hohe Fähigkeit zur Empathie, welches ein Versetzen in die Situation der Käufer erfordert, notwendig. Die Frage, anhand von welchen Informationen oder Produktbeschreibungen User einen Kauf tätigen, stellt dabei den Kern der Analyse dar.

Die nachfolgende Liste stellt die relevanten Faktoren übersichtlich dar.

- Der Titel enthält beliebte Suchbegriffe. (Beispiel: Designertasche Michael Kors)
- Ein ansprechendes Bild beeinflusst positiv die Wahrnehmung der Kunden.
- Die Marke ist nicht nur im Titel, sondern auch in der Beschreibung deutlich erwähnt.
- Außerdem ist der Preis deutlich und sichtbar dargestellt. Er bildet unter anderem die Grundlage für eine Kaufentscheidung.

- Ferner ist zu erwähnen, ob Prime-Kunden von einer schnellen Lieferung profitieren.
- Verfügbarkeit ist ebenfalls wichtig, da sie einen wichtigen Kaufentscheidungsfaktor darstellt.
- Bewertungen sind nicht zu vernachlässigen, denn Kunden lesen diese genau, ehe sie den Kaufen-Button anklicken.
- Das Bestseller Label ist ein wichtiger Entscheidungsfaktor, welcher die Kaufwahrscheinlichkeit erhöhen kann.
- Die Lieferkosten dürfen auch nicht fehlen, zahlreiche User entscheiden sich des Öfteren gegen einen Kauf, wenn diese zu hoch sind oder wählen ein weiteres Produkt, um sich für einen versandkostenfreien Versand zu qualifizieren.
- Eine Kennzeichnung der Produktkategorie gehört ebenfalls dazu.
- Andere Angebote sind zwar wichtig, nehmen jedoch eine untergeordnete Rolle ein.

Händler können die genannten Faktoren weitestgehend beeinflussen. Allerdings ist die Marke, das Bestseller Label sowie die Produktbewertung nicht beeinflussbar. Eine sogenannte Heatmap suggeriert, dass das gewählte Bild das relevanteste Entscheidungskriterium darstellt. Doch auch die Informationen auf der linken Seite wie der Titel, Marke, Preis oder Verfügbarkeit genießen einen hohen Status. Die Bewertung hingegen findet auf der Suchergebnisseite eine geringere Beachtung. Händler sollten lediglich die Wichtigkeit des Titels und des Bildes verinnerlichen, da diese einen großen Einfluss auf die Klickrate ausüben. Aus diesem Grund lohnt sich eine Rotation der Bilder sowie ein Test, inwiefern sich die Wahl des Bildes auf das Ranking und die Klickrate auswirkt. Im Hinblick auf den Preis orientieren sich die User an relativen Preisen. Sie vergleichen den darunter- sowie darüberliegenden Produktpreis, um herauszufinden zu welcher Preisklasse ihr gewähltes Produkt gehört. Positive Bewertungen, die sich im Vier – und Fünf-Sterne-Bereich bewegen sowie das Bestseller-Label können ebenfalls einen bejahenden Einfluss auf die Klickrate haben.

User, die auf ein Produkt klicken, werden anschließend auf die Produktseiten weitergeleitet. Bei diesem Schritt zielen die Händler darauf ab, ihre Conversion Rate zu maximieren. Auch hier dreht sich alles um die Frage, welche Faktoren die Kaufentscheidung der Amazon-Mitglieder zum Kauf bewegen. Bei der Analyse dieser Frage hat sich das Versetzen in die Lage das Kunden als äußerst hilfreich erwiesen. Im Gegensatz zur Suchergebnisseite platzieren Händler auf die Produktseite weitere Bilder, Informationen, Beschreibungen sowie Bewertungen, auf welche sie einen Einfluss ausüben können. Das

Feld namens „Kunden, die diesen Artikel gekauft haben, kauften auch…". Die Anordnung erlaubt eine authentische Priorisierung der Informationsfelder. Um die Produktbeschreibung nachzulesen, müssen Nutzer bestimmte Felder überspringen. Bewertungen sind ganz unten auf der Produktseite zu finden. Wenn das Bild dem Geschmack des Nutzers entspricht, steigt die Wahrscheinlichkeit für einen Kauf. Falls die Bilder jedoch nicht ansprechend sind, verlässt der Nutzer die Seite und schaut sich auf der Suchergebnisseite nach anderen Produkten um, die eher seinen Wünschen entsprechen. Da sowohl Bilder als auch die Aufzählungszeichen mitunter über den Kauf entscheiden, lohnt sich deren besondere Beachtung. Ausführliche Produktinformationen sollten immer vorhanden sein, weil sie insbesondere unentschlossene Käufer zu einer Kaufentscheidung bewegen können. Clevere Händler richten ihr Augenmerk auch auf die Bewertungen. Dabei wenden sie „die japanische Lehre des Versagens" an. Sie konzentrieren sich auf die negativen Bewertungen und reagieren auf diese unmittelbar. Damit signalisieren sie ihren Käufern, dass sie seriös vorgehen und ihre Beschwerden wirklich ernst nehmen. Außerdem können sie an dieser Stelle erklären, welche Maßnahmen sie unternommen haben, um eine Wiederholung des reklamierten Aspekts zu vermeiden.

Bei der Conversion Rate profitieren Händler von erheblichen Möglichkeiten, die ihnen bei einer bejahenden Einflussnahme behilflich sein können. Im Hinblick auf die Informationsfelder müssen sich die Verkäufer und Händler jedoch an gewisse formelle Aspekte halten. Sie sollten mindestens fünf Aufzählungszeichen nutzen und Bilder, die über 1.000 x 1.000 Pixel verfügen in die Beschreibung integrieren. Die Pixel-Einhaltung ist zwingend notwendig, um eine Zoom-Funktion zu ermöglichen. Bei den inhaltlichen Aspekten lohnt sich ein Testen von unterschiedlichen Informationen. Manche Händler prüfen klugerweise, welche Auswirkungen die Conversion Rate erhöhen. Dabei kann der Fall eintreten, dass das Ergänzen eines einzigen Aufzählungszeichens zu einer deutlichen Steigerung der Conversion Rate beiträgt. Fügen die Verkäufer bei teuren Damenhandtaschen hinzu, dass es sich um echtes Leder handelt, kann dies der letzte Impuls sein, der taschenbegeisterte Damen zu einem Kauf animiert.

Faktoren, welche die Conversion Rate beeinflussen Die erläuterten Performance-Faktoren wirken sich stark auf das Ranking aus. Mithilfe der Produktdarstellung und den dazugehörigen Produktbedingungen können die Verkäufer einen teilweise großen Einfluss auf die wichtigen Performance-Faktoren ausüben. Allerdings müssen die Akteure die Inhalte auf eigene Faust bestimmen. Erfahrene Online-Händler empfehlen im Rahmen von Testläufen

Änderungen zu tätigen und deren Auswirkungen über einen bestimmten Zeitraum zu beobachten. Dabei sollten die Händler ihren Fokus auf die Ranking-Änderungen legen. Bei diesem Vorgehen kann die sogenannte Marketplace Analytics Analyseplattform eine enorme Abhilfe schaffen.

Relevanzfaktoren liefern wichtige Hinweise

Relevanz-Faktoren stellen einen wichtigen Bestandteil beim Amazon Ranking Algorithmus dar. Die Performance-Faktoren spiegeln die Verkaufsrate eines Produktes wider, wohingegen die Relevanz-Faktoren messen, wie gut ein Artikel inhaltlich zu der getätigten Nutzeranfrage passt. Die Ermittlung der Relevanz erfolgt mithilfe der Schlüsselbegriffe. Händler freuen sich über diesen Zusammenhang, da sie die Keywords selbst wählen können. Dementsprechend genießen sie den vollen Einfluss auf die Relevanz-Faktoren.

Schlüsselbegriffe und ihre Rolle bei der Relevanz-Ermittlung

Amazon filtert nach einer getätigten Suchanfrage alle Artikel heraus, die nicht sämtliche Keywords aus der Anfrage beinhalten. Bei der Filtration nimmt Amazon auf den Inhalt von Informationsfeldern wie Titel, Aufzählungszeichen, Produktinformation, Beschreibung, Suchbegriff, Verkäufer und Marke Rücksicht. Allerdings spielt beim Ranking nicht nur das Vorhandensein der Suchbegriffe eine bedeutende Rolle, sondern auch die Reihenfolge, in welcher sie stehen. Da jedes einzelne Informationsfeld eine andersartige Gewichtung für das Ranking erfährt, spielt es keine Rolle, in welchem Feld das jeweilige Keyword steht. Schlagworte, die bereits im Titel enthalten sind, fördern definitiv das Ranking. An zweiter Stelle stehen jedoch die Aufzählungspunkte, die benutzten Keywords sowie zusätzliche Produktspezifikationen. Es lohnt sich die Keywords in den Produkttitel einzubinden, da sie beim Erreichen eines besseren Rankings helfen. Des Weiteren ist die Übereinstimmung zwischen der Suchanfrage und den genutzten Produkt-Keywords äußerst wichtig. Bestenfalls sind die Suchbegriffe alle in der gleichen Reihenfolge in einem einzigen Informationsfeld platziert. Wenn dies nicht der Fall sein sollte, sinkt die Relevanz um ein Vielfaches. Sucht eine Dame somit nach „schwarze Handtasche von Armani", wird eine Tasche, welche die Begriffe „schwarze Handtasche Armani" im Titel hat von den Nutzern eher bevorzugt als ein Produkt, das diese Begriffe im Titel nicht nachweisen kann. Dennoch sollten Händler wissen, welche Beschreibungen die Relevanz erhöhen. Kurze Titel und Aufzählungspunkte gehören zu den Faktoren, welche die Relevanz nicht nur steigern, sondern auch positiv beeinflussen. Besteht die Überschrift eines

Artikels aus dem Begriff „Fitnessbänder" und die eines anderen Produkts aus den Worten „Schöne Bänder, die auch als Fitnessbänder für ein Yoga-Training genutzt werden können", wird der erste Artikel mit dem kurzen Titel eine höhere Relevanz erzielen. Analog zur Suchmaschinenoptimierung bei einer Domain stehen Händler, die auf der Amazon-Plattform aktiv sind, vor derselben Herausforderung im Hinblick auf die Ranking-Optimierung. Sie müssen zuerst die geeigneten Keywords ausfindig machen und im Anschluss beschließen, in welches Informationsfeld sowie in welcher Reihenfolge sie diese angeben.

Zusammenhang zwischen den Relevanz- und Performance-Faktoren

Die genannten Relevanz- sowie Performance-Faktoren legen gemeinsam das Ranking eines Artikels im Suchergebnis, indem sie in den Ranking-Algorithmus einfließen, fest. Dieser Prozess findet jedoch nicht isoliert voneinander statt, sondern unter einer gegenseitigen Einflussnahme. Zum Teil wirken sie in dieselbe Richtung. Passende Keywords tragen zu einer Erhöhung der Klickrate bei. Dennoch wirken die beiden Faktoren auch in verschiedene Richtungen. Aus der Perspektive der Keywords wäre es lohnend, eine Mehrzahl der Schlüsselbegriffe in den Artikeltitel sowie in die Aufzählungszeichen des angebotenen Produkts einzutragen. Allerdings spricht die Performance-Perspektive gegen diese Methode, da Nutzer lange Titel deutlich seltener anklicken. Deshalb ist eine ganzheitliche Betrachtung der Performance- und Relevanzfaktoren erforderlich, um ein gegenseitiges negatives Einwirken der beiden Faktoren aufeinander zu unterbinden.

Enhanced Brand Content – ein weiterer wichtiger Faktor bei der Amazon Suchmaschinenoptimierung

Händler, die bekannte Marken verkaufen, profitieren von einem sogenannten Enhanced Brand Content (EBC). Diesen können die Verkäufer jedoch nur nutzen, wenn sie eine Marke angemeldet und sich zugleich bei Amazon registriert haben. Während der Nutzung des EBC können Händler weitere Bilder einsetzen. Bei diesem Schritt steht eine bessere Markendarstellung im Vordergrund. Diejenigen, die den Enhanced Brand Content effektiv strukturieren und mit einem ansprechenden Design ausstatten, steigen nicht nur das Vertrauen ihrer Käufer, sondern erhöhen auf diese Weise auch ihre Conversion Rate. Im Hinblick auf die Bilder sollten die Händler den Unterschied zwischen dem Hauptbild und den Zusatzbildern kennen und anwenden. Denn das Hauptbild gestattet lediglich eine Darstellung des Kernprodukts, die Nutzung eines weißen Hintergrunds und eine Einnahme des Bildes in

Höhe von 85 Prozent. Die Zusatzbilder hingegen erlauben die Abbildung des Zubehörs sowie der Verpackung, eine kurze Darstellung der Hintergründe und Details, Requisiten und Anwendungshinweise. Außerdem können mithilfe der Zusatzbilder ein guter Text, schematische Darstellungen und Skizzen präsentiert werden.

9.2

AMAZON FÜR DIE NUTZUNG DER MOBILEN ENDGERÄTE OPTIMIEREN

Online-Händler verzeichnen einen rasanten Umsatzanstieg, der auf die Nutzung der Smartphones sowie Tablets täglich an Bedeutung gewinnt. Mittlerweile kaufen zahlreiche Kunden über mobile Geräte ihre Lieblingsprodukte. Der Käuferanteil, der seine Besorgungen über die mobilen Endgeräte tätigt, steigt permanent an. Im Jahre 2016 betrug der Anteil des mobilen Traffics 38 Prozent wohingegen dieser im Jahr 2015 lediglich bei 29 Prozent lag. Die Entwicklung für die mobilen Verkäufe verläuft ähnlich und repräsentiert ebenfalls einen dermaßen hohen Anstieg. Auch Amazon bleibt von diesem mobilen Einkaufstrend nicht verschont. Diesen Sachverhalt beweist die Amazon Shopping App. Sie wurde über 50 Millionen Mal von Nutzern der mobilen Endgeräte heruntergeladen. Aus diesem Grund müssen Amazon Händler ihre Artikel auch in der mobilen Ansicht sowie in der Shopping App bestmöglich für ihre Kunden darstellen und diese damit zum Kauf zu animieren. Dafür ist die Optimierung der Amazon Artikel für mobile Endgeräte verantwortlich. Sie steigert den mobilen Traffic und die Verkaufszahl der Erzeugnisse. Das Bemühen um eine bessere mobile Performance lohnt sich deshalb in vielerlei Hinsicht. Des Weiteren sorgt eine verbesserte mobile Performance für ein besseres Ranking auf mobilen Geräten und auf dem Desktop gleichermaßen.

Bedeutende Unterschiede zwischen Amazon Desktop und Amazon Mobile

Diejenigen, die Mobile Shopping via Amazon betreiben, greifen in der Regel auf zwei Gerätearten zurück. Sie nutzen entweder das Tablet oder ihr Smartphone. Die Ansicht beim Tablet weist nur geringe Unterschiede im Vergleich zu der Desktop-Variante auf. Im Hinblick auf das Smartphone existieren jedoch wichtige Unterscheidungsmerkmale, weshalb diese einer Erläuterung bedürfen. Generell verfügen die Smartphone-Versionen über einen minderwertigeren Informationsinhalt mit einem kürzeren Text. Die Seitenstruktur entspricht der kleineren Ansicht auf den Mobiltelefonen. Selbst beim Smartphone existieren weitere Besonderheiten, denn die Nutzer können Amazon entweder über ihren mobilen Smartphone-Browser oder über die Amazon Shopping App aufrufen. Die Letztere ist eine restriktive Ansicht, welche den Nutzern eine abgespeckte Version der Produktdarstellung bietet. Dennoch gilt die Grundregel, dass eine völlig isolierte Optimierung der mobilen und der Desktop-Version nicht möglich ist. Sowohl die mobile als auch die Desktop-Variante nutzen die zur Verfügung gestellten Informationen, die sich im Backend des jeweiligen Artikels befinden. Deshalb besteht die Herausforderung darin, die mobile Ansicht mit der Desktop-Anzeige stimmig darzustellen. Da die Darstellung in der Amazon Shopping App restriktiv ist, kann sie als Orientierung für die Desktop-Anzeige dienen. Somit besteht das Ziel in einer gelungenen Anzeige bei der App. Experten weisen auf neun bedeutende Unterschiede zwischen der Desktop-Darstellung und der Shopping App.

Kürzere Titel

Die Titel müssen in der Shopping App kürzer sein, da in der mobilen Anzeige der Suchergebnisse lediglich die ersten 70 Zeichen des Titels des jeweiligen angezeigt werden. Daraus entsteht die Frage, wie so eine Optimierung am besten aussieht. Die erste Regel besteht darin, keine Zeichen zu verschwenden. Es lohnt sich deshalb, einen wichtigen Produktvorteil im Titel zu erwähnen, da dadurch die Klickrate erhöht wird. Ein Beispiel für die Darstellung von Wanderschuhen wäre: „Robuste und wetterfeste Wanderschuhe“. In der Desktop Variante könnte der Titel ein wenig länger sein und folgendermaßen lauten: „Lico Milan Herren Trekking- und Wanderschuhe wasserdicht, rutschfest, atmungsaktiv und windabweisend“.

Die einzige Beschreibung ist "above the fold"

Bei der mobilen Variante wird „above the fold“ das zu beschreibende Textfeld lediglich für die längeren Varianten erlaubt. Die Aufzählungszeichen, die bedeutende Produktinformationen enthalten, sind bei der mobilen Version erst weiter unten anzutreffen. Nach einer erfolgreichen und informativen Titelgestaltung erfolgt die Auswahl eines ansprechenden Bildes, um den Nutzer auf das jeweilige Produkt zu locken. Die Eigenschaften und Vorteile, die dieses Erzeugnis so einzigartig machen, sind bereits weit oben zu nennen, da Kunden weitere Informationen nur erhalten, wenn sie nach der Produktbeschreibung weiter scrollen.

Die Bilder sind kleiner

Produktbilder sind in der mobilen Anzeige wesentlich kleiner. Diese Regel gilt insbesondere für die Suchergebnisse. Da die Artikelbilder in der mobilen Version deutlich kleiner dargestellt werden, müssen sie für eine optimale Klick- und Conversion Rate gut erkennbar sein. Bei der Wahl des Bildes für mobile Endgeräte ist ein guter Ausschnitt äußerst wichtig, da er die Kaufentscheidung stark beeinflusst. Außerdem spielt die Freistellung eine große Rolle. Denn der weiße Hintergrund rückt das Produkt gezielt in den Fokus der Betrachtung.

Bilderanzahl schrumpft bei der mobilen Version von neun auf sieben Bilder

In der mobilen Variante erfolgt eine Darstellung der ersten sieben Bilder auf der jeweiligen Produktseite, unabhängig davon, wie viele Fotos die Händler hochgeladen haben. Bei der mobilen Version kann der Käufer tatsächlich nur die ersten sieben Bilder näher betrachten. Aus diesem Grund sollten die Händler streng darauf achten, lediglich die wichtigsten Bilder zu wählen. Dementsprechend müssen in diesen sieben Bildern Detailbilder, Zubehör und Zertifikate vorhanden sein. Nur dann können sie auch einen Einfluss auf die Conversion Rate ausüben.

Weniger Aufzählungszeichen

Bei den Aufzählungszeichen müssen sich die Händler ebenfalls kurzfassen. Denn in der mobilen Version sehen die Kunden lediglich drei von den insgesamt fünf Bullet Points. Die anderen beiden können die Käufer erst nach dem Anklicken auf die Detailansicht einsehen. Allerdings erfolgt eine Darstellung der ersten drei Aufzählungszeichen in der Gesamtlänge ohne jegliche Kürzungen. Deshalb lohnt sich die Darstellung der wichtigsten Bullet Points ganz oben. So können Händler eine bessere Conversion Rate erzielen.

Produktbeschreibung erfolgt unter Zuhilfenahme von Aufzählungszeichen

Die Beschreibung erfolgt bei den mobilen Geräten direkt oben. Ein einziger Blick reicht aus, um diese nachzulesen, da Bullet Points diese prägnant darstellen. In der Desktop-Variante ist die Beschreibung weiter unten sowie unterhalb der Bullet Points platziert. Aufgrund ihrer Positionierung profitiert die Beschreibung bei der mobilen Version von einer größeren Bedeutung. Damit erzielt sie eine ähnliche Wirkung wie die Bullet Points im Hinblick auf die Conversion Rate. Deshalb ist eine überzeugende Artikelbeschreibung bei der Mobilversion essenziell. Dank der Blockpositionierung gemeinsam mit den Aufzählungszeichen, können Händler von noch besseren Auswirkungen auf die Conversion Rate profitieren, falls eine gute Ergänzung der beiden Elemente stattfindet.

Die ersten 200 Zeichen sind entscheidend

Der Teasertext zeigt lediglich die ersten 200 Zeichen an. Er enthält ferner keine HTML-Formatierung. Überschriften oder Ansätze sind hier deplatziert. Erst nach einem weiteren Klick können die Händler die HTML-Formatierung in der Detailansicht nutzen. Die Grundregel eines Teasertexts gilt auch bei der mobilen Amazon-Version. Der Teaser enthält die wichtigsten Produktinformationen, die den Leser zum Weiterlesen motivieren. Da hier keine HTML-Formatierung gestattet ist, sollte der Titel schön zum ersten Satz der Produktbeschreibung übergehen und mit diesem verschmelzen.

Es werden lediglich die drei besten Bewertungen angezeigt

Mobile Produktseiten zeigen lediglich die drei besten Bewertungen an. Dabei konzentriert sich Amazon auf Rezensionen, die andere Nutzer als besonders hilfreich markiert haben. Dennoch können die Seitenbesucher mit einem weiteren Klick die anderen Bewertungen einsehen. Da die ersten Bewertungen für den ersten Eindruck entscheidend sind, sollten Händler negative Rezensionen außer Acht lassen und sich stattdessen auf die positiven Rückmeldungen der Käufer konzentrieren. Aufgrund der geringen Bewertungsanzahl müssen Händler streng darauf achten, die besten sowie informativsten Rezensionen zu wählen.

Kommentare zu den Rezensionen werden nicht angezeigt

Sowohl Käufer als auch Verkäufer haben die Möglichkeit auf Bewertungen zu antworten. In der mobilen Version erfolgt jedoch kein Anzeigen der Kommentare. Negative Bewertungen sind zwar wichtig, da sie zum einen den Realitätsfaktor erhöhen und zum anderen den Händlern die Möglichkeit geben, auf diese zu reagieren und den Kunden auf diese Weise zu beweisen, wie ernst sie von den Verkäufern tatsächlich genommen werden. Doch bei der mobilen Version haben die Händler nicht die Möglichkeit, ihre Antworten zu präsentieren, da diese dort schlichtweg nicht angezeigt werden. Deshalb sollten die Informationen, welche die Händler lediglich über Kommentare vermitteln unbedingt auch bei den mobilen Nutzern ankommen. Deshalb lohnt sich das Nutzen des Fragen- und Antwortbereichs.

Die Suchmaschinenoptimierung mit AI bereichern – Einblicke, Automatisierung sowie eine Personalisierung gewähren

10.0

Technologiegiganten haben den Trend namens „AI-first", wobei AI für Artificial Intelligence steht, entdeckt. Die deutsche Übersetzung für diesen Begriff lautet künstliche Intelligenz. Händler und Vermarkter, die dieses Prinzip nutzen, verbessern erheblich ihre Strategien der Suchmaschinenoptimierung. Einer der Begründer dieser Strategie namens Jim Yu geht dabei auf drei Kernbereiche des Marketings ein.

Google hat weltweite Schlagzeilen mit der Präsentation seines neuen Duplex gemacht. Dabei handelt es sich um ein hochwertiges künstliches Intelligenzsystem (KI), das sich in einer natürlichen Sprache mit Menschen unterhält. Personen vereinbaren mithilfe dieses Systems einen Friseurtermin oder reservieren einen Tisch in ihrem Lieblingsrestaurant. Die KI-Systeme unterscheiden sich zwar auf eine bestimmte Art, um den Turing-Test zu bestehen, doch diese Differenzen sind für User irrelevant. Google Duplex hat zahlreichen begeisterten Anhängern bewiesen, wie gut es diesen Test meistern kann. Doch laut Experten handelt es sich bei diesem System lediglich um den Anfang eines zukünftigen Potenzials. KI-Systeme profitieren von globalen Schlagzeilen, weil die Menschheit seit jeher von derartigen Anwendungen fasziniert ist. Menschen lieben KI-Systeme, die zwischenmenschliche Interaktionen nachahmen. Doch die Entwicklung der KI-Systeme ist auch mit Nachteilen verbunden. Viele Personen befürchten dadurch, dank der Systeme ihren Arbeitsplatz zu verlieren. Vermarkter betrachten diesen Entwicklungsprozess von zwei Gesichtspunkten. Entweder übernimmt KI einen Großteil der Arbeit oder ergänzt und baut die Leistungsfähigkeit der Menschen aus. Digitale Übersetzungsmaschinen haben Übersetzer nicht ersetzt, denn Personen, die auf die Übersetzung eines Dokuments angewiesen sind, benötigen einen Stempel eines vereidigten und beglaubigten Übersetzers. Doch die Übersetzungsgeräte haben die Arbeit der Übersetzer und Dolmetscher um ein Vielfaches erleichtert. Sie sind nicht mehr auf dicke Wörterbücher angewiesen, sondern schlagen innerhalb von Sekunden das gesuchte Wort nach. Dadurch verkürzt sich ihre Übersetzungszeit um ein Vielfaches. Der Übersetzungsbereich ist jedoch nicht die einzige Rubrik, welche die Arbeit der Menschen erleichtert. Die Liste der Kategorien, in welchen KI-Systeme die menschlichen Fähigkeiten ergänzen, ist lang. Eine Studie des Wirtschaftsmagazins namens Economist hat herausgefunden, dass 75 Prozent der Führungskräfte das Potenzial von KI schätzen und aus diesem Grund an einem Ausbau und einer aktiven Umsetzung in ihrem Unternehmen interessiert sind. Die hohe Zahl repräsentiert die Glaubwürdigkeit dieses Vorhabens. Wenn eine Umsetzung dieses Hypes in die Realität erfolgt, wird deutlich, dass die zweite positive Perspektive das denkbare Resultat ist. Außerdem wäre dieses Ergebnis wünschenswert, da die Wirtschaftsprüfer des Unternehmens namens PricewaterhouseCoopers eine Prognose getätigt haben, die besagt, dass AI bis zum Jahre 2030 jedes Jahr mit 15,7 Milliarden US-Doller einen Beitrag zum globalen Bruttoinlandsprodukt leisten wird. Diese Entwicklung samt Ziffer liefert den Beweis für eine Befürwortung der KI-Systeme.

AI ist mittlerweile in sämtlichen Bereichen vertreten. Es ist in Produkte, welche die Menschen täglich nutzen, eingebettet. Dazu gehört Swarovski genauso wie Netflix. Vermarkter wissen, wie tief AI in eine Suche integriert ist. Außerdem eröffnet es SEO-Experten eine Fülle weiterer Chancen. Ferner spielen die KI-Systeme eine wichtige Rolle bei der Suche. Sie gestalten diese auf eine paradoxe Weise menschlicher, dank der damit verbundenen Interaktionen. Auch wenn die Suche noch nicht mit den Nutzern so kommunizieren kann, wie es die Google Duplex-Demo gezeigt hat, verfolgt sie das Ziel in einer nahen Zukunft eine derartige Suche zu ermöglichen. Die Rank Brain-Technologie von Google nutzt ein maschinelles Lernen, um den dargestellten Inhalt, den es crawlt nachzuvollziehen und zu verstehen. Das System leitet die Absicht aus Suchanfragen, die sich durch eine Mehrdeutigkeit auszeichnen, ab. Außerdem greift es auf Feedbackdaten, um die Exaktheit der Resultate zu verbessern, zurück. Somit hört das System den Menschen zu und erwirbt auf diese Weise ein neues Wissen. Auch wenn Menschen nicht jederzeit einen Überblick über diese Prozesse haben, können sie die Resultate offensichtlich begutachten. Mittlerweile existieren 37 Suchergebnisseiten (SERP). Doch diese Ziffer stellt den Beginn einer neuen Ära dar und sie wird sich in einer nahen Zukunft weiterentwickeln.

Selbst wenn das Potenzial der Personalisierung noch in den Kinderschuhen steckt, hat ein Mitarbeiter von Google namens Sundar Pichai diesen Sachverhalt bestätigt. Er stellte außerdem fest, dass das Zeitalter der „AI-First"-Gesellschaft eingetreten ist. Aus diesem Grund lohnt sich für Unternehmen eine Anpassung an diese Suchlandschaft. Immerhin funktioniert AI bei zahlreichen Erzeugnissen von Google. Zu diesen zählt das Google Photos- und Google Lens-System. Einer der Mitbegründer der künstlichen Intelligenzsysteme machte die Aussage, dass AI mittlerweile nahezu jedes Hauptprojekt tangiert. Das Entwicklungstempo auf diesem Gebiet entwickelt sich in einer rasanten Geschwindigkeit weiter. Google hat festgestellt, dass AI den Nutzern brauchbare und bessere Ergebnisse bietet. Der Zufriedenheitsfaktor der User steigt dank der KI. Such-Vermarkter sind gezwungen, diese technologischen Entwicklungsfortschritte in ihre Angebote einzubeziehen, wenn sie diese Möglichkeiten für ein erfolgreiches SEO nutzen wollen.

10.1

SUCHMASCHINENOPTIMIERUNG MIT DER KÜNSTLICHEN INTELLIGENZ VERKNÜPFEN

In der Praxis existieren drei Kernbereiche, in welchen die KI zu einer Verbesserung der SEO-Leistungen beitragen kann. Sie setzen sich aus den Gebieten Automatisierung, Personalisierung sowie den Einblicken zusammen. Bei den Einblicken verarbeitet und interpretiert die künstliche Intelligenz ein bestimmtes Datenmuster auf einer Skala. Dazu wären die Menschen nie in der Lage. Für das menschliche Gehirn ist eine derartige Replikation unmöglich. Diese wertvolle Ergänzung betrachten Suchstrategen als vorteilhaft, da die KI somit in der Lage ist, Informationen bereitzustellen, auf welche Menschen angewiesen sind, um grundlegende Entscheidungen aus unstrukturierten Daten zu fällen. Die Analyse gehört jedoch zu den beliebtesten Gebieten, in welchen die Suchmaschinenoptimierung die KI unterstützen kann. Zu den wichtigen Analysebereichen gehören Markttrend-, Standort- und Wettbewerbsanalysen. Auch die Einsicht in die Kundenabsichtsberichte wird von der KI unterstützt. Pay-per-Click-Ausgabenverwaltung und die SERP-Leistung ziehen ebenfalls einen Nutzen aus der Entwicklung der KI-Systeme. Diese eröffnen in den erwähnten Bereichen neue Horizonte, die ohne ihre Existenz unbemerkt geblieben wären. Weil die herkömmliche Suche über die traditionelle Suchergebnisseite hinausgeht und sich mittlerweile zu einem multidisziplinären Kanal entwickelt hat, gewinnt sie zunehmend an Bedeutung. Neuartige Entwicklungstrends, wie die visuelle Suche, übernehmen eine Schlüsselrolle der künstlichen Intelligenz. Außerdem kämpft sie sich bei der Verarbeitung von weiteren Medientypen als sinnvolle Alternative durch. Die Social Media Plattform namens Pinterest macht von diesem Lernen Gebrauch und interpretiert auf diese Weise den Content und Kontext von Bildern. Dementsprechend erhält der Handel zahlreiche weitere Chancen, die „Discovery-Suche" zu verwenden.

Google Lens konzentriert sich auf die erweiterte Realität. Das Tool zielt darauf ab, die physische mit der realen Welt verschmelzen zu lassen. Dazu verwendet es Objekte als Fragebögen, anstatt auf typische Schlagwörter zurückzugreifen. Selbstverständlich wird dieser Entwicklungsprozess zu einer Datenentstehung von einem unschätzbaren Wert führen. Dabei offenbart jede Interaktion eine Neuigkeit über das jeweilige Publikum. Vermarkter verfolgen das Ziel, AI zu nutzen, um sicherzustellen, dass sie ihre Daten richtig erfassen, verwalten und gebrauchen. Des Weiteren verwirklichen sie bessere Effekte bei der

Entwicklung von Suchstrategien. Um die künstliche Intelligenz für SEO-Einblicke zu nutzen, müssen Webmaster das Grundbedürfnis ihrer Kunden verstehen. Eine Identifikation der Möglichkeiten des Inhalts ist unabdingbar. Des Weiteren kann die KI beim Definieren von Marktlücken bei der Wettbewerbsanalyse Abhilfe schaffen. KI hilft ebenso bei der Investition von längerfristigem Content. Ferner hilft AI beim Sicherstellen, dass der dargebotene Content von sämtlichen Benutzern mühelos durchsucht und im Anschluss angezeigt wird.

Suchmaschineoptimierung ist ein arbeitsintensives Fachgebiet, welches auf lange Sicht eine gigantische Aufmerksamkeit benötigt. Wenn es jedoch eine Möglichkeit gibt, Aufgaben zu automatisieren, um dieselbe Ausgabe an Informationen zu generieren, sollte die Verwirklichung dieser Chance die oberste Priorität darstellen. Die wertvolle Zeit, welche dank des Automatisierungsprozesses gewonnen wird, lässt sich wunderbar auf Fachgebiete anwenden, welche menschliche Fähigkeiten dringender benötigen. Zu diesen gehört das Erschaffen von Strategie- und Kreativinhalten. Die nachfolgenden Aufgaben stellen eine Möglichkeit für eine Automatisierung bei der Suchmaschinenoptimierung dar.

- Technische Audits eignen sich hervorragend als Automatisierungsprozess für die Suchmaschinenoptimierung.
- Die Suche nach Keywords kann ebenfalls automatisiert durchgeführt werden und würde die Arbeit der SEO-Strategen effektiv unterstützen, so wie elektronische Online-Wörterbücher Übersetzer und Dolmetscher unterstützen.
- Inhaltsoptimierung- und Inhaltsaufteilung können ebenfalls von der KI profitieren.
- Das Tag-Management sowie die interne Verlinkung werden in einer nahen Zukunft SEO-Strategen die Arbeit erleichtern.

In den erwähnten Fallbeispielen können die Computer zwar die menschliche Arbeit ersetzen, wohingegen weiterhin Fachkräfte die Kontrolle über Aufgaben und logische Entscheidungsfindungen haben werden. Dank der KI können SEO-Experten ihre Zeit für anspruchsvollere Aufgaben der Suchmaschinenoptimierung nutzen.

Ratschläge, um mithilfe der künstlichen Intelligenz die suchmaschinenoptimierte Automatisierung zu beginnen

1. In der Praxis hat sich eine Aufteilung der zu erledigenden Aufgaben in kleinere Unteraufgaben als hilfreich erwiesen. Doch eine Bewertung des Automatisierungspotenzials der Aufgaben auf einer Skala von null bis zehn ist unabdingbar.
2. Die Verwendung eines regelbasierten Automatisierungsprozesses, um unkomplizierte, aber dennoch zeitraubende Jobs auszuführen, hat sich in der Praxis besonders bewährt.
3. Ein gutes Gleichgewicht zwischen der humanen Tätigkeit und der Automatisierung stellt eine gute Basis zur Nutzung der künstlichen Intelligenz dar.
4. Das Nutzen von ML-Algorithmen sowie die passende Datenqualität oder -menge, um die Leistung mithilfe der KI zu erhöhen, ist ein sinnvoller Schachzug.
5. Eine Konzentration auf die Verbesserung der Nutzererlebnisse und der Geschwindigkeitsüberwachung ist auf jeden Fall sinnvoll.

10.2

DER PERSONALISIERUNGSPROZESS

Dank der Personalisierung sind Vermarkter in der Lage, bedeutende und sinnvolle Erlebnismomente für jeden einzelnen Kunden zu kreieren. Doch diese Aufgabe erfordert eine technologische Unterstützung. Dabei stellt AI einen wesentlichen Bestandteil dieses Prozesses dar. Amazon hat sich bereits seit einer langen Zeit als Marktführer im Hinblick auf die Personalisierung bewährt. Der Online-Händler nutzt Benutzerdaten sowie deren historische Käufe, um seinen Kunden neue und interessante Artikel vorzuschlagen. Mit dieser Methode macht Amazon Werbung für Produkte, die nicht sofort für jedermann sichtbar sind.

Die genannten Ansätze stellen eine hilfreiche Stütze für SEO-Strategen dar. Dank der Zuordnung des Inhalts zu unterschiedlichen Intentionen der Nutzer, entstehen neue Verkaufsmöglichkeiten. Diese Lösungsansätze übertreffen die herkömmliche Suchmaschinenoptimierung um ein Vielfaches. Der Trend wird in den neuesten Google-Entwicklungen mehrfach bestätigt. Die Integration des Assistants in die Google Maps liefert den Beweis für diese Entwicklung. Mittlerweile beschränkt sich die Inhaltssuche nicht nur auf

Suchergebnisseiten. Aus diesem Grund müssen Verkäufer und Anbieter von weiteren Dienstleistungen ihre Kunden wirklich verstehen und deren Bedürfnisse nachvollziehen, um mit ihnen jederzeit Kontakt aufnehmen zu können. Bei diesem Schritt stellt die künstliche Intelligenz eine entscheidende Bedeutung dar. Der Bereich namens Predictive Analytics hilft beim Kreieren von Vorhersagen, die auf Grundlagen von historischen Daten und Verhaltensmustern basieren, um zukünftige Inhalte so zu gestalten, dass diese sich mit den Bedürfnissen der Verbraucher decken. Hieraus leitet sich die Frage ab, wie künstliche Intelligenz bei der SEO-Personalisierung genutzt werden kann. Die nachfolgende Liste liefert mögliche Ideenansätze.

- Das Erstellen von Inhalten nach Persona, Customer Journey oder einem speziellen Liefermechanismus stellt eine geeignete Möglichkeit für eine Personalisierung dar.
- Eine Verbesserung der Nutzererlebnisse sowie eine Konvertierung mit einer gezielten Personalisierung sind möglich und empfehlenswert.
- Semantisch spezifische Seiten sind eine gute Möglichkeit, um Anfragen und Intentionen der Nutzer miteinander zu verknüpfen.
- Die Verwendung gut strukturierter Personalisierungs- und Zielgruppenlisten, um Leads über die Suche und soziale Kontakte zu pflegen, eignet sich hervorragend für die Personalisierung.
- AI lohnt sich auch beim Veröffentlichen von Inhalten, die zu einem gewissen Zeitpunkt in den richtigen Netzwerken präsentiert werden müssen.

Fazit

Das Zeitalter der Revolution der künstlichen Intelligenz ist bereits eingetreten. Clevere SEO-Strategen ziehen aus dieser Entwicklung einen Nutzen. Die Mehrzahl der KI-Systeme ist nicht sichtbar, was allerdings deren Wert nicht mindert. Die Suchlandschaft befindet sich in einem kontinuierlichen Entwicklungsprozess. Außerdem produzieren die Konsumenten gigantische Datenmengen, welche sich in praktische Feststellungen umwandeln lassen. Dementsprechend kann die Automatisierung dabei helfen, diese gewonnenen Erkenntnisse nachzuvollziehen und den SEO-Strategen, die Chance zu bieten, diese in innovative sowie personalisierte Strategien umzuwandeln.

Printed in Poland
by Amazon Fulfillment
Poland Sp. z o.o., Wrocław

60342850R00103